你好，女儿

周艳 著

四川人民出版社

图书在版编目（CIP）数据

你好，女儿／周艳著. — 成都：四川人民出版社，
2023.3

ISBN 978-7-220-12939-1

Ⅰ.①你…　Ⅱ.①周…　Ⅲ.①家庭教育-教育心理学
Ⅳ.①G780

中国版本图书馆 CIP 数据核字（2022）第 240130 号

NIHAO NÜ ER

你好，女儿

周 艳 著

出 品 人	黄立新
责任编辑	蒋科兰
责任校对	吴 玥
装帧设计	戴雨虹
封面设计	李其飞 谢 奇
责任印制	周 奇
出版发行	四川人民出版社（成都三色路 238 号）
网 址	http://www.scpph.com
E-mail	scrmcbs@sina.com
新浪微博	@四川人民出版社
微信公众号	四川人民出版社
发行部业务电话	(028) 86361653 86361656
防盗版举报电话	(028) 86361653
照 排	四川胜翔数码印务设计有限公司
印 刷	成都东江印务有限公司
成品尺寸	142mm×190mm
印 张	8.875
字 数	128 千
版 次	2023 年 3 月第 1 版
印 次	2023 年 3 月第 1 次印刷
书 号	ISBN 978-7-220-12939-1
定 价	49.80 元

每天都在氧化的人体正在啜着一杯葡萄酒。

每个人身体里都还有一个更加鲜活、更加美好的自己在伸懒腰，透过两片新鲜的生命叶片往外挥手。

可能等到时光都已经过去，木质的椅子已经变得老旧，沾满灰尘的地板已经吱吱作响，停在门外的车已经打不开车门。当把一切都看淡，生命的路越走越长，看得见尽头的时候，他就会出现，带着背景音乐和耀眼的灯光。

他会说："我就是你啊。"

然后你深深吸一口气，原来自己也是可以这么美好轻巧的，于是安详地睡去。伴着一屋的斑驳阳光碎片、叶片中闪烁的星星以及慢慢降下的窗子。

——女儿写于 15 岁

周艳与女儿的对话，让我遇见两个彼此成全的真实个体，让每一个为人父母，也身为儿女的你我，有所觉察，汲取力量。

　　　　　　　　——李姵颖　常新心理创始人

　　我被刚进入青春期的女儿搞哭了两次，尴尬、愤怒、无助后，认识并走进周艳老师的家长自我成长工作坊后，开启了为人父母的系列学习。五年过去，现在和女儿依然有冲突，但再没有被女儿搞哭过，女儿也没有被我搞哭过。

　　　　　　　　——邝　爸　任我行公司董事长、任我行书院创始人

　　这些书信勾勒出一对母女美好的成长图景：两个独立的生命个体像美丽的弧线螺旋形上升；时而稍离，时而靠近，保持舒适的距离，却又紧紧相系，像极了 DNA 的分子结构模型。或许，这正是生命本身对于血脉相传的初始定义。推荐女性朋友在阅读中感受这样彼此激发、共同成长的亲子关系。

　　　　　　　　——吴志敏　爱智学前教育集团创始人、董事长

没有华丽的辞藻来美化和修饰，这是原汁原味的生活。通过她们可以体会："天伦之乐"不仅仅是把儿女养大。妈妈像是五线谱上的那五条线，孩子是长长短短的音符，共同奏响了相互成就的乐章。

——钟　庆　三十二年教龄的中学高级教师

初见书名《你好，女儿》，无法揣摩其内容。为了"解惑"，认真阅读书稿，豁然开朗。习惯了研究问题从"是什么""为什么"到"怎么办"的逻辑推演，形成了"先贴标签""后提要求""再讲道理"的思维定式，这本书颠覆了我的认知。2022年1月1日《中华人民共和国家庭教育促进法》正式实施，在千千万万父母期盼把女儿养育成"大女孩"的美好愿景下，此书或许会带给您惊喜。

——张绍平　四川师范大学教授

知识是种子，丰润的心灵使其开花结果。阅读此书增长知识又滋养心灵。

——梁淑芳博士　生物治疗国家重点实验室教授、博导学校教育重在"教"，家庭教育重在"育"，它们是孩子身心健康成长的根基和土壤，是阳光雨露，也是烈日暴雨的遮挡，唯有高品质的爱可以胜任。这本书以书信形式，落实到不同年龄阶段具体生活细节，给予孩子爱的同时，也能滋养自己，非常值得阅读参考。

——杨　柯　成都师范学院教授、四川省心理与行为科学学会理事长

真正的教育者，会用孩子"陪伴者"的身份去观察、接纳和理解。读这本书时，有一份温暖的、清澈的、有能量的情感在内心流动滋养。

作为一个教育行业的狂热爱好者，想把这本书推荐给每一个有孩子的父母和有父母的孩子。

——Jenny　森斯瑞教育中国区负责人

妈妈的爱陪伴了女儿，女儿的成长也让妈妈内心收获了爱的力量。

——许建武　四川建武心理咨询中心创始人

作者用了最古老最浪漫的方式与女儿沟通，也用这样的方式记录了女儿成长过程中自我的觉醒，无比珍贵，也令人感动。做母亲本就是一件幸福的事情，而做好了母亲更是一件无比幸福的事情。直觉会有年轻的妈妈因为遇见了这本书而萌生也要给孩子写信的念头，更相信会有女孩因为这本书而渴望成为一个母亲。

——傅　姐　生活美学家、公益人

对作者来说，这些文字是人生珍宝，对读者也是。尤其是在做妈妈这条路上拼尽全力的女性，会在书里看到一对母女深情又放松的爱，看到在养育一个女孩的路上，那份深深的懂得。育儿者育己，愿我们都可以成为所爱之人心里的那道光。

——宁　远　作家、服装设计师

关于爱，关于成长与教育，关于陪伴和守候，这样的书已经太多，这一本的不同在哪里？在我看来，它不是一本书，而是一份更有力量的爱。对于在陪伴孩子成长过程中普遍失语的我们，这本书是一个补救。我们常认为母爱是柔软的，但柔软背后是坚韧，更是世界穿越冰冻后的一个笑容。细读周艳的文字，还总会令我们想起我们的妈妈对我们从未诉诸语言的爱。

——吴宝龙 富森美副总经理、陪伴女儿成长的父亲

作者的一字一句皆说到每个妈妈的心里，给了不爱表达或不善表达的妈妈们一个窗口，可以透过此书去跟自己的宝贝们有效沟通。我也想对尚处幼龄的女儿说一句"愿世间之美好都能与你美美与共"。

——寒 爷 吴少华中式生活美学平台对外主理人

她是女儿，也是养育女儿的母亲，我一直觉得周姐姐是我见过的最可爱又善良，智慧又明朗的少女。推荐此书给所有独立女性。

——妖 婆 独立创业 80 后女性

周艳十多年来写给女儿的文字，已经在她女儿的心里生了根、发了芽、开了花、结了果。在母亲与女儿的相处中，也不仅仅只有文字，更是一点一滴的生活。

从我自己的女儿出生起，我都会在她生日那天给她写一首诗。等她 18 岁的时候，送她有 19 首诗的手抄本合集。我在期望她感动？期望别人羡慕？期望自己是一个"好"父亲？

我想我的目的可以在这本书中找到同样的答案：用我们擅长的方式，爱自己的女儿。

我时间多一些，就多点陪伴；我体育强一些，就多和她一起运动；我饭菜做得好一些，那就多做一些她爱吃的……

——萧秋秋　读书写作人、一位父亲

如何养育女孩，作为一位 5 岁小女孩的妈妈，正在探索的道路上。我在工作中会接触到很多优秀的年轻人，我喜欢跟他们交流，去了解他们的父母在养育他们的过程中做对了什么，或者说是否存在一些普遍的规律。优秀，在我的定义里，并不是听话，乖巧，好成绩，好工作，而是拥有一颗能平视自己的心，拥有让自己幸福的能力。这本书，提供了一个更真实、真切、真诚的样本参考。

——徐晨郗　时尚消费媒体幸会创始人

身为专业心理咨询师，周老师在工作之外，不仅是女儿的观察者，更是自己的观察者。相信每位家长都能在这一封封的书信里获得属于自己的很多启发，无限期待。

——蜂蜜心工场

《你好，女儿》语言朴实，寓理于生活中的小故事中，读起来轻松有趣。平凡的日子，一封封朴实温暖的家书，倾注了妈妈的爱。

——陶　文　太平人寿四川分公司区域总监

婚姻和孩子们，像给了我一副翅膀，帮助我飞出我严母慈父的原生家庭，飞出我胆小怯懦的原生性格。女孩们，愿此书给你力量，大胆去做自己，这个滋味真是太美妙了。

——钟　晴　The 8th Land 国际英文托育创始人

周老师的文字如她的声音，温柔中透着发人深省的力量，简洁却常常一语中的，常让人欲罢不能，待到掩卷回味之时，已然是"会当凌绝顶，一览众山小"。

——刘　娟　两个男孩的妈妈、生物科技有限公司业务发展总监

时间是有刻度的，孩子的成长对任何一个父母来说就是最佳记忆刻度。看到周老师和女儿之间的信件交流，感觉自己重新带了一次娃。即使岁月不能重来，我们的爱却可以重塑。

——顾　世　养女儿的父亲、商业投资管理者

阅读此书序言后，我和4岁的侄女约定每年六一儿童节给她写一封信直到她18岁。同时我想给再也收不到信的妈妈写封信，告诉她："妈妈，我把你的姓氏加入了我的姓名，已完成了正式的变更。希望大家都知道我是你许妈妈的女儿。"此书推荐给千千万万的"女儿"们，哪怕你和我一样，没有做母亲。

——李许姗姗　3E女子学园创始人

周艳从妈妈和咨询师两个角度，分享女儿的养育经历。细致地洞察，体贴入微地共情，让忧伤和压抑的生命，舒展自由、如花在野。诚挚推荐这本书，润物无声。

——刘茂利　妈龄16年、以小楷写家书的家长

我也想以这样的方式给儿子每年写一封信，陪伴他成长，我不知道一封信究竟能影响孩子多少，但至少可以表达我自己，希望他能够从中获取力量，感受到妈妈的爱。

——张　倩　童装品牌联合创始人

用长篇幅表达情感难，坚持很难，让孩子接纳也很难。养育的过程也是父母自我成长的经历，在不断地自省和对话之间，成就彼此。正如周艳所说"女儿也养育了我内心的成长"。

——施　洁　两个女孩的妈妈、旅居海外的职业女性

辅育孩子是与孩子共同成长，周艳母女俩之间生动演绎了纪伯伦的《孩子》一诗：你的孩子，并不是你的孩

子……你可以给予他们的是你的爱，而不是你的想法……你可以庇护的是他们的身体，而不是他们的灵魂，因为他们的灵魂属于明天，属于你做梦也无法到达的明天。

——周强博士　美国 Satelytics 公司首席技术官

家书都是琐碎日常，书信曾是连电话都不方便时我们家庭成员最重要的交流方式，传递情感又有力量。很高兴看到我的女儿周艳在自己为人母亲时，依然保留了这种习惯。

——周发明　建筑高级工程师、一位父亲

序言

写在出版前

　　午后坐在书房榻榻米上，打开电脑，看见了从左侧落地窗透过来的阳光，照在对面的靠垫上，带给人温热可靠的希望。

　　女儿这会儿正在中国经济发达城市高高的写字楼里上着班，每一年的2、3月都是全世界会计师事务所最忙的月份。尽管现在她以实习生的身份在完成研究生毕业项目，但干的活儿和正式员工一样。她从小学到研究生的17年学生生涯，将在今年的夏天告一段落，正式完成从一名学生到社会人的身份转变。

我知道自己怀孕的那一刻，就一心希望孕育的是一个女儿。1999年春天，我躺上生产手术床时，还能听见医生和护士在打赌，90%的人认为我肚子里是男孩，只有一位医生说是女孩。感谢上天恩赐，让女儿来到我的身边。

　　5岁时，她的钢琴老师怀孕了，对她说："我也想要一个你这样可爱的女儿。"女儿就很认真地告诉她秘诀："那你要每天都想着要一个女儿，你就会生一个女儿的。我妈妈就是这样，然后就生了我。"

　　现在想来，我一直是女儿的"粉丝"，我有一个小本子，记录了她小时候各种充满童趣的语言以及她自己的"名词解释"。比如：屁股之所以称为屁股，因为会放屁，而且是鼓鼓的。她无限的想象力带给我数不清的惊喜和愉悦、快乐和满足，开启了我人生再一次延展和成长的可能。

　　养孩子的过程中被虐也是肯定有的，辛苦、郁闷、愤怒也是有的，焦虑担忧也常伴。如今想到过去的23年，自己能够摔倒了又爬起，斗志昂扬，百折不挠，自我学习和成长，今天经济独立、精神富足地生活着，和女儿有着密不可分的关系。

曾经很固执地认为"没有做妈妈，女人的一生就不完整"。虽然现在我已经不这么有执念了，但我依然为自己当年选择做了妈妈，有了女儿而感到非常幸运和值得。我依然坚持认为，对于我来说，做了母亲，是最好的选择。弗洛伊德说有了"爱"和"工作"，你的心理就会比较健康。女儿让我的爱有一个投放的地方，而工作让我可以从经济上精神上支持自己更好一些地去给她爱。

　　从女儿小学三年级开始，每一年在秋季9月开学前，我会写一封开学信，来和女儿讲讲心里话，选择写信并不是因为文笔好，而是因为要口头完整表达出这些情感、思考逻辑和人生道理，对我都是很困难的。

　　很多人或多或少都有着原生家庭中的成长创伤，我也不例外。我的妈妈大约在60岁之后，开始了身为父母难得的反思，常给我说："我们那个年代不懂教育，也不知道怎么好好说话。"我不知如何接话，也许她希望被子女原谅或者理解，也许她只是说一说，这对我对她就已经是很好的放松了。她能对我说出来，这就已经让我很敬佩了。她笑谈当年送我和我哥去外地上大学的时候，她到车站后，一直笑着挥手，车开以后使劲捶打我爸哭着喊"还我孩子，还我孩子"，我爸爸会劝她："孩子是去读书，又不是去干其他的，放假又会回来。"当我写出这段文字的时候，我的眼泪还是忍不住滴落到键盘上。

直到这个时候，才感受到我的妈妈也是如此想念我依恋我舍不得我，才理解支撑她的信念是"分别就要高高兴兴的，不要难过，要笑着要乐观"。他们那个年代的信念，不会把温暖的心温和地表达出来。看见我妈妈身上率真和执着坚韧的美德，是成长后的我才能做到的。

"你小时候太爱哭了。只有两种表情，要么哭，要么笑。"现在回想起让我自卑很久的"爱哭"这件事情，可不可能是我妈见不得别人哭，所以放大了我的哭，而我又特别在意妈妈的评价呢？现在的我再也不为"爱哭"而自卑了，干了心理咨询师的工作之后，更是明白"哭，能流泪"对心理健康的好处，不亚于吃饭睡觉对于人的身体健康之必须。

每一次女儿飞离成都，我去机场送行，看着她进安检口，是这些年来我们之间很重要的仪式，在那个时刻，我很少能说出什么重要的话来。

近来我有了进步，上一个月因为她要去上海开始连续3个月的实习工作，我送她到机场进安检那一刻，她突然红了眼哭着来抱我，我抱着她，说："去一个陌生的环境，分别肯定会有焦虑不安和不舍难过，妈妈相信你，无论结果做到怎样，你在妈妈眼里都是最闪亮的。"

现在的我可以尊重我的妈妈坚持她自己的信念，使用她自己的方法，同时我可以做自己，不用在女儿面前只作坚强，而是保留一颗柔软同时坚定的心。

我养育了女儿长大，同时很深切地感受到女儿也帮助了我内心的成长。我曾经给她说"好女孩宠不坏"，我希望她能有充分的被肯定被喜欢被宠被爱的经历。养育她的过程中始终视她为珍宝的同时，我也完成了自我救赎，像是我自己也被这样对待了一遍。

每一年写的信开头都一样，我会写：亲爱的女儿，你好。在我重新去阅读那些信的时候，我时不时依然会流泪，我曾经把一些信放在社交平台上，好些朋友特别是妈妈们看了会说忍不住流泪。也有好些年轻人，说好羡慕有这样的妈妈。我在想，打动妈妈们的可能是有些话是她们心里也想说给孩子听的，而打动了年轻人和我自己的，可能是我们都渴望在自己长大的过程中，自己的妈妈也可以说这些话给自己听。

曾经有位"圈友"将我的一封书信修改后发给了她的女儿，我既诧异又有点愤怒。后来这位母亲对我说："我正想给在国外读书的女儿说点心里话，但不知道说什么，刚好看到你写给女儿的开学信，几乎句句都是我想说的，就擅自引用了。这封信给了我很大的帮助，也让女儿理解到了我的想法，谢谢周老师。"那一刻，我有些释怀，这也成为我想将这些书信出版的一个契机。

除了写给女儿的书信，在这本书里我还会在每一封信的后面，根据心理发展规律，和家长们聊聊书信里的逻辑和原理，除了共鸣以外，如果还能对家长们日常养育孩子带来一些启发，为家长们在一些特殊的日子能给孩子说说心里话提供一些参考和启发，那这些信也会感到高兴吧。

把过去十几年写给女儿的开学信，集结发表，我不能简单谦虚地说"抛砖引玉"，因为这些书信对于我而言，就如"玉"一样珍贵。愿更多家长在陪伴孩子，观察孩子的时候，也能感受孩子，那么就会有只属于你和孩子的文字，它会像泉水一样汩汩而出，存留下来，就是属于你们的宝贵的"玉"。

出版这本书之前，很重要的事情是征求女儿的同意，毕竟这些书信都是属于她的很私人的宝贝，曾经陪伴她长大，陪伴她漂洋过海在国外"独自征战"。她属于小留学生一代，远离家乡到一个陌生国度读高一时，还不到16岁。出发前夜她一人在客厅沙发上彻夜未眠，凌晨四点起来背着书包、拉着随身行李走到门口又折返回来，我看见她走进自己的卧室，拿着那些年我写给她的书信，塞进了贴身电脑包里，什么也没说。后来她告诉我，在飞机上的10多个小时，她只干了两件事情：哭和睡。在留学最初最难过的那段时间里，她常常看我写给她的信。

这个社会对男孩和女孩都有不少的刻板印象，父母和孩子很多时候可能会被有意无意暗示。比如：女孩要温柔贤惠，女孩就需要照料家务，女孩不要那么强，女孩要小声说话，女孩不要那么主动，女孩不需要那么辛苦，等等。

男孩要勇敢，要有担当，要有事业心，要为家庭负责，要照顾好自己的爱人，要让着女性，等等。

其实，无论男孩女孩，是人都需要勇敢，有担当有责任心，有事业心，追求个人成长，对集体负责，彼此尊重合作和照顾，都需要相互理解和体谅，都需要相互温柔以待……

此书祝福每一位家长，在照顾好自己的同时，把女儿养大，她有独立的思考和行为能力，享受欢乐和依恋，也不拒绝离别的感伤，能经历生活的无奈和无助，能接纳自己的有限，依然有梦想有善良，有着独自前行的勇气和安全感，相信这世间有爱。

也祝福每一位曾是女儿的女孩，如果在孩子时没有人讲过这样的话给你，愿你今天可以遇到这样的人，或是可以讲给自己听。

此书献给我的母亲，愿她放下曾对我的愧疚。此书献给我的女儿，愿她可以看见，一个女孩成人后依然可以成长。此书献给自己，做女儿、做母亲，我都不是100分，错漏不少，但很认真。

感谢我的父母养育了我，一路给予我支持，感谢我的女儿帮助我再一次成长，也让我在 50 岁的时候，长成了这样一位"大女孩"。

感谢四川人民出版社的编辑积极推进养育心理学的系列书出版，谢谢正在阅读的你。

2022 年 2 月 27 日　成都

| 目 录 |

有热情容易，坚持难

你健康快乐成长是妈妈的骄傲和心愿。信守承诺和勇于承担责任，承认自己的错误和缺点是需要勇气和毅力的，所以要成为一个快乐并让别人也快乐的人不容易，但我相信你可以。

亲爱的女儿：

你好。

我答应了要给你回信的。再忙也要信守诺言。

你两个月大时还在摇篮里，妈妈就给你说话，好像你都能听懂。我一直觉得，你的语言天赋特别好，无人能及，事实证明我的感觉是对的。

今天你上四年级了，可以写这样一封信来表达我对你的爱，我很激动。

　　从你来到我的肚子里开始算，我们在一起已经十年了。好像转眼你就变成了大孩子，但那些你成长的岁月就像一部难以忘记的连续剧，对我，将一直贯穿我的生命，没有结束。连你刚出生时的大声哭喊，我在病床上的疼痛感，你第一次吐奶的记忆都还那么真实，仿佛就发生在昨天。

　　你现在是九岁的女孩了，将不再是一个儿童，而是要成为一名亭亭玉立的少女了。那天看到你的游泳汇报演出，不敢相信那个游在最前面、姿势漂亮的小女孩就是你，妈妈当时就忍不住哭了。你的进步和成长总给妈妈带来惊喜和感动。

　　说实话，妈妈是一个缺点很多的人，在过去的十年里，是你在让我和你共同成长。

　　妈妈感谢你，让我学会了多喝牛奶，多吃水果，少生气，多微笑，多忍让，多快乐。

　　妈妈感谢你，给我的理解和支持。

　　女儿，你特别聪明，喜欢新东西，学习能力很强，喜欢创新，妈妈很高兴到现在为止，你一直比较享受你学习各种东西的过程。妈妈一直告诉你：过程比结果重要。首先要坚持好的过程，就会有你想要的结果。钢琴、诗歌、游泳、学校学习都用一样的态度对待。

兴趣，习惯最重要，和爬山一样，有热情容易，坚持难。只要你愿意，妈妈愿意支持你。

你健康快乐成长是妈妈的骄傲和心愿。信守承诺和勇于承担责任，承认自己的错误和缺点是需要勇气和毅力的，所以要成为一个快乐并让别人也快乐的人不容易，但我相信你可以。

我一直想要一个女儿，谢谢上天给了我一个你。我一直想努力做一个好妈妈，虽然做得不是太好，但我愿意不断改进。妈妈有特别暴躁的时候，请你能原谅；妈妈有特别严厉的时候，请你能理解；妈妈有特别狠心的时候，请你别责怪；妈妈有特别忙碌忽略你的时候，请你能谅解。

但都请你要相信：妈妈一直是爱你的。

我和你说过，世上只有一种爱是以分开为目的的，那就是父母的爱。我要和你一起为你成人后独立生活做好准备。

　　好啦，废话很多的妈妈就说到这。希望以后你还愿意
接到我的信。

　　祝你愉快。

　　问你的老师和同学们好。

非常爱你的妈妈

2008 年 8 月 29 日

关于妈妈的 自我成长

　　回过头去看自己当年写的信，一眼看见自己的怯懦，信中为自己很少陪伴、粗暴、缺乏耐心等找理由和借口，还要强加上"妈妈一直是爱你的"，看见自己的自恋，是多么容易就以自我为中心抢占话语权，没有顾及这个年龄的孩子需要爸爸妈妈更多的陪伴。

　　同时也看见了自己的勇敢，可以承认"做得不是太好"，看见了对自己的鼓励"愿意不断改进"，回望这些年自己的确这么去做了。现在的自己已经不会对自己有那么多指责和愧疚了，承认那是我所经历的一个过程。也看见自己多么努力地在想要做一个好妈妈，尽管动作不是那么娴熟，还显得生硬，但是真诚。

　　在孩子性格特质养成的敏感期，培养孩子的勤奋、自信与信任尤为重要。

关于孩子的 心智 成长

一、勤奋

在已知的教育理念里，小学阶段是培养好的学习习惯的黄金时期。不过，这里说的学习习惯指的是家长老师们眼睛可见的行为。而心理学所重视的是孩子的内在心理活动，心智成长的训练和培养。在埃里克森的人格发展八阶段理论里，提出了学龄期儿童（6—12岁）需要解决勤奋与自卑的冲突，家长和老师要鼓励孩子掌握今后适应社会所必需的技能，体会勤奋学习带来的愉悦感，让孩子明白勤奋是一种品质。

这封信里提到"游泳"这个事件，我似乎又看见了那个"心狠"的妈妈，和"不得不"去克服自己心中怯懦、各种害怕的女儿。我把9岁的女儿和陪伴她的外婆留在公交车站，让女儿自己坐公交车去游泳馆。那个时候我心中想，女儿一定要学会游泳，因为这是一个基本求生技能，尽管我会游泳，但却教不了自己的女儿。外婆说："小孩子大多都是见娘愁。"可能这推动了我狠心地让她离开我的保护，在一个安全却陌生的环境中去学习。

我把她穿着红色泳衣，戴着游泳帽，手捧着毕业证书，微笑站立的照片，放在一个好看的镜框里，一直放在她的房间里。花样游泳教练看重她的细长胳膊和腿，让她进花游训练队。她拒绝了，我也拒绝了。为什么我没有继续"狠心"逼她，现在我来回想，可能是我比较信任孩子的体验和她的选择。把游泳当成一个生存技能她完成了学习，这个过程让她收获了"我可以做一些原以为做不了的事情，我可以做到的"的自信，同时也让她明白游泳不是她的兴趣所在。当年的我也就是凭感觉在做着一些反应，如今想来，教练看重的是她的身体指标，我看重的是孩子的心智发展历程。

学游泳、练钢琴让孩子吃了苦，克服了恐惧，但她得到了一个很重要的心理自我确认：通过勤奋和努力，我是可以做成一些事情的，无论得到的结果排名如何。这对于在学龄期的孩子非常重要。

当然对于陪伴孩子学习的父母，这个时候的挑战是如何保持情绪稳定，而且还能坚定，不轻易放弃。现在想到女儿小时候练钢琴时我在旁边的冷酷无情、心急火燎和咆哮，肯定给女儿造成了一些影响，一方面觉得如果时光倒流，我一定会做得更好一些，一方面也觉得作为妈妈，我做不到100分，需要对过去的自己宽容一些，毕竟那个时候已经穷尽了我自己能做出来的最好状态和方法。

在女儿出国上高中的时候，她曾对我说：快乐并不只是轻松容易，开心舒适，她体会到经历艰难困苦之后获得结果和成就有一种特别的舒心快乐。从心理学上来说，那是一种存在感和主体确认感：我是有能力的，我是可以成事情的，是可以扛过失败挫折的。这种内在的不停确认对于孩子的"坚韧性"和"意志力"特别重要。

如果没有达到预计的结果，可能是遗憾的，但孩子就可以从小被种下种子："过程比结果重要。"

二、自信

小学高段的孩子比较独立的自我评价正在萌芽，在学校里有学习排名、各种活动、班干部竞争，校外有各种艺体活动、老师们的评价比较、家长的随口评价。比较和评价在现实社会里无处不在，不用刻意去避免，家长通过用心观察，不停给予孩子很多的正面评价和肯定，无论是对孩子的行为，还是对孩子这个人本身，在这个阶段都非常重要。

据精神分析理论，婴儿是全能自恋的，以为自己无所不能，那个时候外界都是以他为中心的。阿德勒的个体心理学认为，婴儿天生同时是自卑的，他无法确定自己有能力去做成任何事情。孩子最初的自我评价是从接受和认同他人的评价而来，包括父母、养育人、学校老师同学和朋友，越是和孩子连接度高的人的评价，对他的影响越大。

承认"努力坚持"是一件不容易的事情，承认"坚持"的难度，也会有利于孩子的自信心。做事情三分钟热情是天性，是正常的，"专注、坚持、稳定"却是需要时间和训练的，是不容易的。能接受这个心理发展规律，父母和孩子的焦虑都会少很多，孩子也会更容易接纳自己和对自己能克服困难有信心。

还有培养孩子的美学，不一定都是美术或者画画。父母可以根据孩子的兴趣爱好来做各种选择。我刻意让女儿跟着一位女诗人学习诗歌写作三年，诗歌课没有作业没有竞赛，只是老师带领着他们在"精神灵魂"的世界里玩儿。我现在还记得老师说："灵感，就是灵魂的感觉。"那个过程让孩子能保持她宝贵的想象力，同时获得愉悦。

三、信任

小学四年级孩子开始发展同伴关系，从以前眼里只有老师和父母，变为开始更在意同学认可与否、是否有人愿意和我一起玩，家长需要有意识地拉开和孩子的距离，给孩子独立去尝试探索外在和发展人际的空间。让孩子知道她可能会面临一些意想不到的困难，但依然可以有信任的人。

在信中，我暗示：给孩子独立发展空间，暗示父母对孩子的爱，是以分离为目的的，鼓励她迈出步伐，同时告诉她，我会和她一起，为她成人后做准备。也是在向她示范一种承诺表达方式，那就是需要经过思考，有背景有原因有动力的决定，能做成怎样不一定，但承诺了就要去做。而不是轻易答应或者敷衍"好的，我会做"。让她明白如果随口答应了，自己不放在心上，可能对方就会记在心上，这样可能会给人留下"轻诺寡信"的印象，会大大缩减彼此的信任。

没有什么是永远不变的，包括梦想

> 妈妈从小也有好多梦想，有些
> 实现了，有些没有，有些改变了。
> 但有梦想让你有力量。

亲爱的女儿：

你好。

很高兴今天能有时间和你在一起，经历小学阶段的最后一学年的开学报名和准备。下午给你包着书皮，看着你已经比家里的冰箱还高了，穿着自己选的带帽黑白 T 恤、合身牛仔裤，扎着小马尾，在我面前晃来晃去，我的小女儿真的变成青春美少女了？

你那么激动，为了明天终于可以上学了。你高兴的表现倒像是明天要去秋游。你说，这一年你不出去旅游了，要多花些时间和同学们玩，太珍贵了，上中学后可能就不在一个学校了。我说，你是舍不得一些同学，还是所有的？你坚决地说，所有的同学。

看着我的女儿正在发展和享受着和同伴的关系，妈妈真为你高兴。

这样的开学你经历了六次，但这一次有很大不同。我现在还记得，2005 年我和你爸爸还有外公送你到学校的样子，外公还在学校门口拍了照片。那个时候，看着个子那么小的你，背着大书包，松松地穿不住最小号的校服，自己一个人走进校门。你没有回头看我们，可我一直看着你，直到你完全走进教学楼，这个习惯一直到我现在偶尔送你去学校，也没有改变。

不是不放心，就是想这样看着你，看着从我身体里走出来的小生命一步步走进可以让她学习和快乐的地方，走向有更多朋友的地方，走向可以独自面对那些哭泣和欢笑的地方。

这一年，你的成长自然又突然。

突然就长高了一大截，所有以前的长裤都不能穿了，除了买飞机票是按年龄买半票，其他好多地方都要买成人票，想假装一下也不行了。突然就很多时候不需要妈妈了，和同学才是最好玩的。突然就可以独自出去买菜了，突然就每天晚上都要吃消夜，猛长高就不长胖，突然就可以在大如城市的世博园里独自去逛，独自去排队，高兴地和妈妈告别，只拿一个电话和一点零钱。

最让妈妈觉得突然的是，突然就可以当个好姐姐。带着一个5岁多，一个2岁的小表妹，陪着她们玩，心细又有耐心。

这个暑假你去了好多地方，去韩国，去内蒙古、达县、上海。每个地方你都和同行的人相处得很好，在爸爸那也玩得高兴。还做完所有的作业。

虽然你没有像其他同学一样，上过任何一堂培训和课外补课。

你是那样舒服、享受和快乐，暑假的意义就有了。

妈妈希望你是这样的女孩，有快乐的愿望和能力。有梦想，可以创造，也可以享受。

妈妈从小也有好多梦想，有些实现了，有些没有，有些改变了。但有梦想让你有力量，妈妈希望你有着属于自己的梦想，有些可以告诉我，有些你放在心里。

六年级开始了，妈妈可能不会叮咛你认真学习，把握住小学的最后阶段，取得好成绩考一个好学校。因为我知道，这事你心里比妈妈清楚，你自己会有安排，妈妈相信你，从小学开始这事一直都是靠你自己。这是个结果，并不是我们追求的过程和最终的目标。

我们做好了过程，结果就不用太去在意了。

在这个过程中，如果有什么困难，需要妈妈，请告诉妈妈。无论是什么事，只要你相信妈妈会听，会理解你，都可以告诉妈妈，虽然我们成长的年代不一样。

你是妈妈的女儿，妈妈会接纳你的一切。

因为我相信，你是独一无二的。在你的身上有着那么多的美好。你睡着的时候，妈妈上楼来看你，感觉就像你刚出生的时候一样，多想再把你紧紧抱在怀里，可你已经那么修长了。

你出生的时候哭的声音很大，在我肚子里也折腾得厉害。虽然你长成了一个亭亭玉立秀气文静的女孩，可妈妈知道，你骨子里也隐藏着很多的力量。妈妈多高兴啊，你喜欢阅读，喜欢思考，善良，有同情心，能容忍，懂道理，知道规矩，能看别人身上的优点，不急躁。

特别是今年以来，你变得更加落落大方，洒脱和大气。

你会发现如果你尊重别人，就会得到别人更多的尊重。学会去喜欢身边的老师、同学、朋友，就会得到别人的喜欢。

可能妈妈有时比较宠你，顺着你，有时比较严格。

你知道，那都是因为一个原因，因为妈妈爱你。我们感谢外公外婆这 10 多年给我们生活上的照顾和支持。我知道，他们一直用他们的方式爱着我这个 30 多岁的女儿。而我的回报只能是陪陪他们说说话。

父母对孩子的爱没有条件，从出生开始，一辈子。无论在不在身边。

妈妈那么爱你，最大的愿望是你可以面对成长中的所有快乐与不快乐，容易与不容易。没有什么是永远顺利和开心的，没有什么是永远属于你的，没有什么是永远不改变的。

妈妈发现，你有很好的心态，总能积极地面对。不过，妈妈要告诉你，如果你有觉得难过或者想不出主意的时候，也是可能的，你也可以和妈妈一起商量。

　　如果问在这一年里，妈妈有什么希望，那就是你做你自己。

　　你可能没有发现，你是那么的丰富和有活力，你的性格中那么多的闪光之处，常常让妈妈感动。

　　祝福你在这一年里，过得愉快又有所收获。毕业的时候妈妈赞助你搞个同学派对。

　　　　　　　　　　　　　　　　　　爱你的妈妈

　　　　　　　　　　　　　　　　　　祝你健康快乐

　　　　　　　　　　　　　　　　　　2010 年 8 月 31 日

关于妈妈的 自我成长

写下这封信的两年后，也是我学习心理学的第五年，再读此信时，发现自己的内心的确成长了。

首先，我的内在更笃定和自信一些了，不再去要求女儿原谅我和相信我，尽管我依然会单方面输出很多我自己的价值观和世界观。现在回望女儿今天的性格，我会觉得对于孩子来说，在孩子的青春早期（9—12岁）这个阶段，是需要得到父母的三观输出的，这些是她和世界打交道的基础，在这个基础之上再慢慢整合形成自己的三观。

当然，这也就是说，父母再也不能将孩子当成一个小孩来看待。

其次，我向孩子坦承更多事实，开始告诉她世界的丰富多样，失败、成功、快乐、不快乐都是同样真实存在的，开始告诉她梦想不是必须实现的，这些都是正常的。

承认自己很多梦想没有实现，前两天正好看见歌手席琳迪翁一个短视频，一个小男孩向她提问"如果你回到自己 13 岁的时候，你会对自己说什么"，席琳迪翁回答说："不要执着于你的梦想，要执着于你自己。因为梦想可能会失败，但只要愿意，你自己的成长永远不会失败。"

再次，我对孩子的日常生活细节，有了更多的观察。我发现自己在情绪调节，以及对生活工作相关事务的取舍上，似乎平衡了很多，那个时候我已经不再身兼三职，从全能自恋中走出来，尽管工作依然很忙，在家里的时间也许并没有变多，但是陪在孩子身边的时候，更多专注在孩子身上，对这个年龄的孩子还是有些严格的规则，但少了苛责埋怨和不满，做妈妈的心情平和充满喜悦，自然能看见孩子的闪光细节，对孩子的偏爱喜欢和欣赏，总能在给孩子的互动和表达中，传递出一种场景式的温情，这在心理学上被称为"暖知识"。

那个时候的我，还提炼不出来对于孩子的心智发展真正有益的东西，还不能厘清这些具体是怎样的营养，直到前年开始写《靠近你》，我开始着手研究和梳理这些年我的来访个案，提出了心智健康成长的三感理论，"存在感而非优越感""掌控感而非控制欲""安全感而非舒适感"，才逐渐形成自己的一套体系。

卡尔·荣格说儿童的教养源于成人的修为而非说教。回看这封信，我也再一次确认和获得了自己的存在感：我是有价值的，我可以做一些事情去帮助他人也感受到价值。

所以，我们常说：父母的日常养育对孩子的性格养成是有很大影响的，同时，陪伴孩子一路长大的过程，也是家长的自修过程。

关于孩子的 心智成长

一、存在感

存在感不是优越感，所以，"你真聪明，你真厉害，你拿到了第一名，你又进步了多少……"这些句子是建立不起来孩子的存在感的。

一个人有良好存在感的内心独白和暗示是："我是独立个体，我有自己的感受和想法，我生来就是有价值的，我也能创造价值，别人需要我，我对别人是有用的。"存在感在精神分析理论里，又称为"主体确认感"。

有了这个主体确认感，有什么好处呢？

可以帮助孩子建立起比较扎实的自我确信，在课业变得更难，同学同伴关系变得更复杂的小学六年级，自信心当然也会受到外界事件的挫折打击或者别人排挤、恶意评价的影响，但有了存在感的基础，孩子会更少陷入自我否定的旋涡，更少表现出报复性行为，更容易拥有积极乐观的心态。

如果主体确认感也就是存在感建立得不好，会有什么样的行为和后果呢？

学习遇难则退，交朋友遇到问题就减少交往，不愿意去面对，不想去找原因可能在哪里，不去想各种办法更不愿意请教和求助，不相信自己能解决，担心自己做不好，不愿意接受建议去尝试，情绪容易低落烦躁，情绪管理能力欠缺，容易出现攻击（言语或肢体）他人的行为，也可能出现自我封闭，"破罐子破摔"的躺平……

孩子的主体确认感，是在哪里获得和建设起来的呢？

是在过程中发展而来的。好的结果或者失败的结果，都可以发展出主体确认感，8岁以上的孩子已经具备逻辑分析能力，能够理解局部和整体的关系、个体和行为的关系，不会再像6岁之前的孩子以听话为主。小学高段的孩子开始观察到好孩子也有坏行为，坏孩子也可能变好。一件好的事情可能也有不利的一面，不好的事情里也能得到收获，等等。这些辩证又整合的认知才能帮助孩子从内心正确面对挫败。这些认知从哪里来呢？最好就是家长在孩子面前的表达以及行为表现了，或者幸运的是有可以带给她这些的老师。

二、关于自我负责

把属于她自己的"枕头"信任地交给她自己抱着，同时不远离她，在旁边等着，如果提出有需要，我就尽力帮助她。

在女儿小学六年级也就是小升初的阶段，在上千字的信里，只有一个段落、100多字我提到了考试。我发自内心地相信她会有自己的安排。当然，这也是一种持续催眠，孩子就是在家长的"催眠"中长大的。就看家长是催眠"你总是做不好",还是"你可以做得到"。

很多家长说:"我也想信任孩子啊,但是孩子的行为表现不值得信任啊,不盯着她,她就只知道玩。"我想为孩子说一句:没有一个孩子是只知道玩的,正常心理下,每一个孩子都希望成为更好的自己,发展自己,她需要去了解和适应这个外在世界,但她希望是靠她自己的力量,她有需要自我去尝试的空间,当然她那个年龄自己去做,肯定做得没有大人帮着做那么好。我也想提醒家长一句:家长越界去管孩子的作业交友,孩子如果顺从,自己会变得弱,会觉得自己不行,会变得依赖家长;如果内心反抗,有可能会变为被动防御——拖拉磨蹭,家长多辛苦啊。放开一些空间,站在她旁边,是不是会轻松些呢?

我在信里写:"我们做好了过程,结果就不用太去在意了。"对孩子的这种信任,并非是冲着那个考试结果而去的,或者是冲着备考的过程中一定要取得什么成果去,这就是一种属于妈妈对孩子的信任,是一种态度,是一种放手让孩子去自我发展和经历自己成长的态度。

三、关于性别特质培养

性别特质是健全人格（良好性格）培养的重要组成部分，也是孩子将来的幸福生活中必不可少的性教育的重要组成部分。

性别特质也称为性别角色或者心理性别。生理性别是由遗传决定的，从性染色体和性器官可以确定是男是女。但男性和女性在家庭生活和社会活动中所扮演的角色，则是受成人和社会影响的，是教育的结果。

心理百科全书里，性别角色指的是个体在社会化过程中，通过模仿学习获得的一套与自己的性别相适应的行为规范，随社会文化不同而有所差异。心理性别研究者 Sandra Lipsita Bem 将心理性别分为心理性别男性（男性心理特质得分高、女性心理特质得分低）、心理性别女性（女性心理特质得分高、男性心理特质得分低）、心理性别双性化（都得分高）和心理性别未分化（都得分低）四种。

哪一种心理性别最适合个体发展呢？

在早期的研究中，认为与生理性别一致的更健康，男人要有男人的样，女人要有女人的样。

　　现在学术界公认最理想的性别特质是双性化，也就是同时具有高的男性化特质和高的女性化特质。因为公认的男性化特质，如独立、果断、进取、勇敢有担当、有领导力，通常有利于个人成就的实现；公认的女性化特质，如善解人意、有同情心、助人等，更有利于良好人际关系的构建。双性化的性别特质会让个体在现实社会中有更好的灵活性和适应性。

　　相信父母们如果了解了这个知识点，就不会再为家中的男孩爱玩布娃娃，喜欢穿粉红；女孩子喜欢和男孩子一起疯玩感到那么焦虑了。孩子需要的是对将来适应社会和获得幸福生活有帮助的性别特质，而不是"男人就不能流泪，不能有柔软的内心，女性就不能太要强"等催眠。

　　在信里，我写到了女儿的"小马尾""青春美少女""秀气文静"，也写到了她的"力量""洒脱""大气"。班上的同学叫她"杨哥"，可能是因为她的爽快和耿直。我日常爱给女儿说的是要有"大格局"和"好性情"，随着女儿的成长，一个看上去很男性的特质和另一个很女性的特质被整合到了她的性格中。

　　这封信里对孩子日常成长细节的观察和描述，满足了孩子"被关注""被看见"的需要，孩子可以感受到父母发自内心对自己的欣赏和肯定，对她稳定的存在感、自信心以及亲子温暖的连接是有帮助的。

叛逆只是表象，你需要找到自己

青春期最大的特征不是叛逆，"叛逆"只是表象。真正的特征是你需要找到自己是谁，你正在形成自我的概念。这个过程很重要，谁也不能代替你，包括爸爸妈妈。

亲爱的女儿：

你好。

上午快 11 点了，你还睡在床上呢。一大早很好的阳光出来的时候，我叫过你一次。可你连眼睛也没睁开一下，心情非常不好地拒绝了我的打扰。我能理解，你不是懒，是还想睡，还没睡醒。

那就享受你还能一睡一上午的懒觉吧。妈妈现在是睡不了那么长的懒觉了，睡的时间长了，人反而觉得疲倦。但我小的时候，也是能睡到中午的主。

从你2岁多开始，妈妈就告诉你，你长大了，是大孩子了。今年上初中的你，真的个头已经和我一样，穿的鞋码和我一样，前天去欢乐谷玩，已经明显不能混1.5米以下的儿童票了。

很开心你可以把在欢乐谷打算混票的经历告诉我，很真实很有趣，不过以后可不能再做这样的事了哦。

从小学毕业到进入新中学这一个月，妈妈很高兴能有更多些的时间陪着你。和你一起去考试，选学校，送你去学校，选择班级，一起适应我们一周5天分开、2天在一起的生活。

你小学时养成的好多良好习惯，为你在新学校和新班级带来了良好的感觉。

看着你身体健康、心理健康地不断成长，妈妈心里那个高兴，你现在不能体会，也不需要体会，等你以后做了妈妈就可以理解和体会了。

你进入了一个新阶段，妈妈也对自己的工作进行了调整。在时间上相对比较自由，自己以往的工作经验和能力能得以发挥，并且保证我们的生活品质。

你从小养成了良好的消费习惯，即便是现在学校里身边都是父母和家庭超有钱的同学，你也保持对金钱很好的态度。不轻视金钱，也不崇拜金钱。不攀比，你有自己的主见。

你认真学习，不是为了去和别的谁比，而是为了你自己。

你能分清是非，能融入新的集体，还凭借自己的实力赢得了同学们的尊重。班主任和老师们都喜欢你。妈妈真的为有这样的女儿自豪。

最让妈妈高兴的事情是，你和妈妈之间有着很好的信任，我们彼此信任也彼此支持。

每周日送你到学校还是会有些不舍，最喜欢周五来接你。你一路上不停地讲，讲那些在学校里让你欢喜让你愤怒的事情，我真喜欢你那个认真讲的劲儿。

孩子，一个人成长的过程，就是需要不断体验、体会，妈妈很高兴可以有机会和你一起去经历这个过程。很多时候，你也是我的老师。

青春期最大的特征不是叛逆，"叛逆"只是表象。真正的特征是你需要找到自己是谁，你正在形成自我的概念。这个过程很重要，谁也不能代替你，包括爸爸妈妈。

妈妈会一直陪伴着你，关注着你，在你的身边；但我不会为你或者替你去做什么事情，你自己的成长路需要你自己去走，只要你知道，妈妈是爱你的，无论你是高分还是低分，无论你是受了表扬还是批评，无论你是很顺利还是很烦心，当你需要妈妈的时候，当你想要告诉妈妈，当你想要听听妈妈的建议的时候，妈妈都在你的身边。

你现在这个年龄，已经知道美丑和朦胧的情爱了。妈妈也有过你这样的年龄，初中时候的男女感情，有些感觉很美好。如果有，很正常，但却不是行动的好时候。如果没有感觉，也很正常。

还记得妈妈给你说过，你的白马王子在你18岁的时候才会出现吗？好女孩是会等待的。

当然还和以前一样，妈妈也要快乐积极地工作和生活。父母送给孩子最好的两个礼物，一是自己快乐地生活，二是对孩子无条件的爱。

爸爸和妈妈一样爱着你。他有他自己的生活方式，你也看到，他的生活也过得很好。妈妈和你在一起的生活很棒，我们是母女也是朋友。朋友就是可以互相帮助和一起玩耍的人，会时常想起，有什么困难可以请求帮助，也可以互相支持。

小学的时候，妈妈最爱问你："今天过得开不开心呀？"当然爸爸妈妈都希望你能快乐。但妈妈也想要告诉你：生活不是只有一种感觉，不只是有快乐。上中学了，慢慢你接触的事情和面对的人越来越多了。你会有很多新的发现和新的体验。别人为什么要那样做？为什么会那样对待我？为什么学校要这样规定？为什么自己总是会有那样的表现？除了快乐，为什么有委屈、难过、伤心、愤怒、感觉不公平，或者忧伤？可能有些自己能应付，有些比较困难和迷惑。

孩子，妈妈想要告诉你，这个世界很丰富，什么都有。周围的人各种各样，什么人都有。我们不能要求别人和自己一样，一样做或者一样想，也不能改变别人。我们不能决定别人怎么对我们，我们可以决定的是自己怎样做、怎样回应。

记住，除非你愿意，没有你自己的许可，没有任何人和事情可以伤害到你。

在开放地学习的同时，你已经可以学着保护自己。做你自己，别在意别人的眼光和评价。学会尊重别人，知道自己有选择的权利，能为自己的行为负责，这样的人才能慢慢成熟。

这些话可能别的妈妈很少会在女儿12岁的时候讲给她听，没关系，别人是别人，我们是我们。

周一到周五你都在学校，妈妈不能每天都和你在一起，妈妈相信你能过得很好，但每天还是很想你，如果没接到你的电话，心里会牵挂。

在你成长的过程中，如果需要的时候，妈妈的信随时可以打开来看看。

有一句很重要的话，妈妈要告诉你：妈妈爱你，无论你在哪里，妈妈和爸爸的爱一直和你在一起。

祝我们的小猪学习和生活顺利。

爱你的妈妈

2011 年 10 月 6 日

关于妈妈的 自我成长

一、关于离婚后的养育三人组

这一封信里，我提到了爸爸，把爸爸纳入我们的养育三人组。

这一年是我和女儿爸爸离婚的第六年。虽然当初离婚的时候表面看起来是非常平静的，我也将这件事情正面告诉了女儿：我和爸爸分开生活了，我们的家庭结构改变了。她问为什么，当时我给她举了个和她相关的例子，我问她：在我们小区里，她有一个幼儿园的好朋友，上小学后不再是好朋友了，是为什么啊？她说："玩不到一块了。我们上不同的小学，聊的东西不一样。"我就告诉刚上一年级的她，情况和这个有点差不多，当然也还有些不一样的地方，长大后她也一定会慢慢了解更多。

我接着说："当时，我和爸爸很相爱，所以有了你。

很遗憾没有像有些家庭一样，我们三个人没有一直生活在一起。现在是我和爸爸的爱改变了，但爸爸非常爱你，和妈妈非常爱你一样。"

我非常高兴和欢迎爸爸会常来接女儿带她出去玩，女儿到念大学的时候，还是说"我觉得我爸挺疼我的"。

二、从"要强"变得"更有弹性"，允许自己的生活里要有享受快乐

经过六年的自修，我开始从"觉得自己什么都行，不要队友自己也能带好娃"的逞强中慢慢走出来，觉察到自己的自恋，以及对他人感受不管不顾会对孩子成长带来的影响，也会阻碍我的反思和成长，让自己陷入小的格局。不承认自己的局限和他人的贡献，其实没有办法真正为自己做了的选择负责，没有发自内心的坦诚和担当。

放不过别人，也就放不过自己。自己内心天天那么紧张，有着隐形的埋怨，压抑的愤怒，自己都无法有比较轻松愉悦柔软的内心，如何让自己的孩子心理健康、人格健全地成长呢？

信里面我写道："当然还和以前一样，妈妈也要快乐积极地工作和生活。父母送给孩子最好的两个礼物，一是自己快乐地生活，二是对孩子无条件的爱。"

我一直都觉得这些句子不仅仅是表达给孩子的，很重要的是给自己的暗示和确认。

三、抓住青春期的核心心理发展特点

这个核心就是：她要做她自己，心理学术语称为"寻找自我同一性"。

但通常这个年龄的孩子并不明确和清楚"自己"是怎样的，这非常正常，中国有句古话说"四十不惑"，暗含的意思是需要经过人生世事，才会慢慢对自己有比较明确的了解。最开始表现出来最多的是"不要""不喜欢""不想"，你要问她要什么，她就会比较矛盾犹豫和困惑。

很幸运，学习心理学这些年，我知道孩子将要经过怎样的时期，仅仅是知道这个也非常好地帮助了我。在与孩子的相处中，我不可能什么都做得很好，和孩子没有任何冲突，但我更加放手，鼓励孩子去尝试，并且一再明确表白，尽管物理空间

和成长空间上我离你远了，但精神上和心理上我一直在你身边，从未走远。

"你需要我的时候，我在。"这句话一定要发自肺腑，心甘情愿，没有"怎么长大了和我不亲近了"的误读，没有被青春期孩子嫌弃的抛弃感，是家长在照顾好自己的前提下，要有温暖而有力量的实际行动做支撑。实话讲，我也是走过了好些年的心路历程才逐渐学会如何做。

多年后，我再看到美国心理学家艾里希·弗洛姆的这句话：希望被爱的人以她自己的方式和为了自己去成长，去表现，而不是服务于我的目的。心中深深认同，并且感谢我的妈妈，当我 35 岁以后也是这么催眠我的。

关于孩子的 *心智成长*

一、怎样讲道理对这个年龄阶段的孩子有用

好些家长一直有一个深深的困惑：为何给孩子讲正确的道理，她都听不进去？她的同学讲同样的话，或者是她

喜欢的老师讲更严格的话，她却能听进去。家长讲再多的道理，就算孩子勉强听了，也不会去做。

那些正确的道理总不能打动孩子的心，是为什么呢？心理学的研究发现，孩子听道理有三个重要的影响因素：是否乐意听，是否听得懂，是否做得到。孩子首先养成的是情绪能力，然后是认知能力，最后才是自我控制能力。一般家长给孩子讲道理用的方法顺序是先贴标签："你怎么总是目标想得好，做的时候就管不住自己就偷懒呢？"然后提要求："你可不可以专心先完成正事，做完了再去搞其他的？"最后讲道理："你看你这样磨蹭，学也没学好，耍也没耍好。一个人只有学会自律，才有可能获得真正的自由。"这个顺序刚巧和孩子的发展规律是反的，所以容易引起主动反抗（冒火顶嘴）或者沉默（被动反抗）。那有用有效的顺序是怎样的呢？首先是情绪连接，然后是讲道理，最后才提自我控制能力。

讲道理之前需要暖场，就像是暖场音乐一样，需要亲子之间的一些"暖知识"。哪些算是暖知识呢？对孩子的仔细观察，描述发自内心的对孩子的欣赏和肯定，向孩子真诚表达自己内心的情感。一般来说，这一部分都是我书信的开头三分之一，如"每周日送你到学校还是会有些不舍，最喜欢周五来接你。你一路上不停地讲，讲那些在学校里让你欢喜让你愤怒的事情，我真喜欢你那个认真讲的劲儿"，这一段话全部都属于暖知识。

接着我就开始讲道理，进行道理输出，比如："青春期最大的特征不是叛逆，'叛逆'只是表象。真正的特征是你需要找到自己是谁，你正在形成自我的概念。这个过程很重要，谁也不能代替你，包括爸爸妈妈。"

同时提出对她自我负责、自我控制的希望，并坚定表达我是她的靠山："妈妈会一直陪伴着你，关注着你，在你的身边，但我不会为你或者替你去做什么事情，你自己的成长路需要你自己去走，只要你知道，妈妈是爱你的，无论你是高分还是低分，无论你是受了表扬还是批评，无论你是很顺利还是很烦心，当你需要妈妈的时候，当你想要告诉妈妈，当你想要听听妈妈的建议的时候，妈妈都在你的身边。"

这个时候的孩子有着脱离父母影响去做事情的冲动，

同时还有着对母亲的强烈依恋。因此，我在信里一次次如实表达我很依恋她，很想她，同时也坚定表达对她独立去尝试事物和人际交往的认可和支持，这会减少孩子想要去独自闯荡世界的愧疚感，让孩子更有勇气和力量。

二、友情到有特定对象的朦胧恋情

进入小学毕业阶段，很多孩子开始有了特定对象的朦胧恋情，通常更小的时候，她们只喜欢和同性玩耍，一般来说，更多的女生萌动比男生早一些。但这个时候的喜欢大多还处在非常初期的想要特别关注、特别偏爱的阶段。

家长和老师比较容易说"喜欢很正常，只要不影响学习"，其实，作为过来人的大人们都知道，这句话很不真实，看似态度明确，实则容易误导孩子，让孩子迷惑。孩子以后也会知道，这是一句假话。一旦陷入感情，无论是孩子还是大人，都一定会受到影响，对个人的影响有好也有坏，有利也有弊。而对于心智发展还非常不成熟的孩子，这无疑是一个很难平衡好的事情。

父母的态度坚决清晰很重要，孩子需要得到明确的指示："你现在这个年龄，已经知道美丑和朦胧的情爱了。妈妈也有过你这样的年龄，初中时候的男女感情，有些感觉很美好。如果有，很正常，但却不是行动的好时候。如果没有感觉，也很正常。"

三、自信和交友

自信和主体自我确认，可以说在孩子的每一个发展阶段都非常重要，在青春期尤为重要，因为自我意识逐步形成，感受力和逻辑思辨能力增强，有了属于自己的感受和认知。从早期9岁左右到后期18岁，差不多10年时间，正是一个孩子要慢慢尝试与众不同，表达自己的独特性的时期。第一，孩子们会从各个方面，包括感受、思想和行为，认识自己的独特性并接受它。第二，还要承受独特性也就是个性在集体中、在大众普遍性里的压力，因为你和大多数人不一样的时候，就会有人来说了啊，就会给你带来人际压力。第三，还要发展出有价值、被认可的自我优势。因为毕竟心理健康的人有三大需要：被爱，团体归属感，还有自我价值感。

所以，我直接告诉她真实的外在世界是怎样的："周围的人各种各样，什么人都有。我们不能要求别人和自己一样，一样做或者一样想，也不能改变别人。我们不能决定别人怎么对我们，我们可以决定的是自己怎样做、怎样回应。"

"记住，除非你愿意，没有你自己的许可，没有任何人和事情可以伤害到你"，"你已经可以学着保护自己，在开放地学习的同时做你自己，别在意别人的眼光和评价"。而不是只告诉她多吃亏多忍让，要善良不要伤害他人，被别人欺负就告诉老师，或者只告诉她别在意别人的眼光。

我用了一段自我对话来示范如何觉察到自己的与众不同，还可以安然做自己要去做的事情："这些话可能别的妈妈很少会在女儿 12 岁的时候讲给她听，没关系，别人是别人，我们是我们。"

没有你的许可，任何人都不能伤害你

我曾经说过，养育你的过程，是一个让我可以重新成长的过程。好像你的每一天都那么崭新和水灵一样，因为有了你，我也那样了。谢谢你。

亲爱的女儿：

你好。

今年是感觉你长得最快的一年，不只是身高。

8 月 20 日是你新学校 8 年级开学的日子。上周入学的时候你从容淡定面对考试的样子，让我感觉到你显出的自信，不仅仅是对学习内容的自信，更有面对挑战的勇气，还有能自嘲的幽默。孩子，妈妈看在眼里，喜在心里。我的小宝贝女儿啊，又长大了。

我喜欢你，疾恶如仇，坦率真诚，讨厌装腔作势。

我喜欢你，内心原则坚定，但外在柔软，并不像曾经的妈妈那样固执和强势，能与人和谐相处。

我喜欢你，有自己的主见，同时也能替别人着想，体谅别人。

我喜欢你，自律性强，遵守纪律是你的习惯。

我喜欢你，心态乐观，积极和开放，这是你宝贵的财富，它们让你有着比别人更多的学习和收获的机会。

我喜欢你，情感细腻而敏锐，离文学和音乐那么近。

我特别喜欢你，内心干净纯洁得像一个4岁的孩子，清澈得像我们一起去过的丽江古城里的溪水。童心的灵性多么美好，长大并不代表不能与童心共存。这个我小时候并不知道，你肯定不想等你做妈妈的时候，你的孩子会觉得妈妈无趣，像你现在感觉我一样。

我喜欢和你拥抱，喜欢你在我发烧的那晚逼我不停喝水，喜欢你在睡觉前来亲吻我，说"妈妈，我爱你"。那种感觉，像是刚刚会发音的小宝宝奶声奶气地喊了一声

"妈妈"，等了好久终于等到的喜悦，没有故意去等，也从未有一个妈妈是为了听孩子这一声，才去爱孩子。

我从来没有一个愿望是做个好妈妈，就像我从来没有只是要求你做个好孩子。"好"是什么？如果"好"是孩子愿意亲近我，愿意倾诉也愿意倾听，愿意聊天也愿意散步，快乐与忧伤、开心与迷茫都愿意和我分享，觉得我很安全，那我愿意做个"好"妈妈。所以，你也有个好孩子的准则吗？

我们远渡重洋，以前这十几个小时飞行的距离，是需要好几个月的海上航行才能到达的。

我们是有选择的，选择了，就全心投入。我用了这样的方式来和你一起面对青春，是妈妈最幸福的选择。

能与两个妹妹、舅舅舅妈一起生活，于我和你都是一次非常幸运又难得的经历。

妈妈爱你，无论这句话有多么老套，没有创意。但我会一直讲给你听。

如果妈妈有的时候让你感觉到不耐烦，忽略了你，没有认真倾听你的话。请相信，那是妈妈自己的问题没有得到解决。我曾经说过，养育你的过程，是一个让我可以重新成长的过程。好像你的每一天都那么崭新和水灵一样，因为有了你，我也那样了。谢谢你。

我是你的妈妈，我会给你保护和照顾，我愿意带领你做好长大成人的各种准备和锻炼，我会给你支持和鼓励，我也会要求你，有时甚至是严苛的。我是你的朋友，我愿意认真倾听你讲话，愿意与你一起看《中国好声音》，有时也看《快乐大本营》，或者一起干些有趣的恶作剧。不能说你喜欢的我都去喜欢和尝试，我只想让你知道，知道我的心里是那么愿意和我心爱的女儿待在一起，尽管很多时候我总说有事，没时间。

大多数的孩子在初中和高中的中间不会有适应新环境的机会，你很幸运，因为这个新环境挑战有很多。

妈妈相信你，尽管我们肯定会遇到些麻烦、委屈，遇到困难、灰心、郁闷，尽管我也不能预测都会是些怎样的难，但都会过去的。如同你去年进入一个全新的学校和全新的集体一样，你一定会很快适应，并且过得不错。

爸爸也是这么说。爸爸说他为你骄傲，说在中国很想念你。等到你高中毕业考取你的目标大学的时候，爸爸也会有机会来参加你的毕业典礼。爸爸的爱和你一起，与妈妈一样。

随着你们的开学，妈妈也会开始在照顾好你和处理好家务的同时，积极做自己的事情，比如交新朋友，与国内朋友联系，做一些计划和准备，比如英语的学习。在哪里都要积极快乐地生活，让我们改变的绝对不是环境，而是我们自己的心态。你说呢？

"记住，除非你愿意，没有你自己的许可，没有任何人和事情可以伤害到你。在开放地学习的同时，你已经可以学着保护自己。做你自己，别在意别人的眼光和评价。学会尊重别人，知道自己有选择的权利，能为自己的行为负责，这样的人才能慢慢成熟。"

这是我去年写给你的开学信，如果你愿意，也随时可以翻开来看看。

和你在一起，是妈妈最幸福的日子。

祝我们家的小猪顺利快乐。

爱你的妈妈

亲一个睡熟的你

2012 年 8 月 19 日

关于妈妈的 自我成长

一、更多地陪伴女儿

女儿初一结束的暑假，我和女儿都办好了签证，我辞去工作，带着女儿飞去了美国。原计划是我和女儿各自读书，她的目标是适应全英文环境，为将来做准备；我的目标是学习英文，争取能找到在美国继续深造学习发展的机会。

在信的前三分之一暖场部分，我一口气写了那么多喜欢，都可以感受到那个时候自己不带任何条件的"正向情感投射"，这可能来自自己从繁忙的工作中退出来自修7年心理学后的感知和行为变化。

这个变化首先是自己的，正在一步步催眠自己确信自己当下的选择，接纳自己更多，同时随着对你孩子的心理和行为发展了解增多，认为"正常"的时候多了，对孩子的苛责行为减少了，内心对孩子的喜爱增多了，也变得可以大方向她表达喜爱。

"我喜欢和你拥抱，喜欢你在我发烧的那晚逼我不停喝水，喜欢你在睡觉前来亲吻我，说'妈妈，我爱你'。那种感觉，像是刚刚会发音的小宝宝奶声奶气地喊了一声'妈妈'，等了好久终于等到的喜悦，没有故意去等，也从未有一个妈妈是为了听孩子这一声，才去爱孩子。"

多年后重看这一段，那种甜蜜的满足和欣慰立即涌上心头。如果当时没有写下来，会不会就永远压在记忆箱底，会不会就忘了孩子曾和我这么亲密过？

看到这一段，多少减缓了我的一些愧疚；女儿小时候我陪她太少，太过于培养她独立，母女亲密不够。

二、帮助女儿把感受和事实分开

"妈妈爱你，无论这句话有多么老套，没有创意。但我会一直讲给你听。"

"如果妈妈有的时候让你感觉到不耐烦，忽略了你，没有认真倾听你的话。请相信，那是妈妈自己的问题没有得到解决。"

那个暑假我其实内心有很多由各种不确定带来的矛盾和迷茫，因此我时常会焦躁不安，尽管表面我依然维持着平静。

在信里，我向孩子坦诚一部分，是希望女儿把她的感受和事实分开。我猜她一定感觉到了我对她的不耐烦，因为我的行为的确表现出来了，我明确告诉她：这是妈妈正处于一个自己的麻烦当中，并非我不希望听到你和我讲你的问题。

在我自修心理学之前是不会这样去讲话的，那时我基本上只会说"妈妈爱你，妈妈没有烦你。你想太多了，你太敏感了，你不要想那么多"这样的话。

相信我们都知道语言在人际互动中起着非常重要的作用，它可以温暖人，也可以压制人，也可以伤害人。

如果没有经过"自我"的重新成长，要诚实面对各自感受，还能把感受和事实分开来，能把各自的责任分开来，是很困难的。在我还是个小孩的时候，我的妈妈没有给我做过好的示范，这一点我的妈妈在她 60 岁的时候，也曾向我坦诚，"那个年代我也不晓得要怎样讲话，基本都是刀子嘴"。

我很钦佩我的妈妈，哪怕我已经30多岁了，当她这样坦诚的时候，我也并没有埋怨她，反而拉近了和她的关系。她也向我示范了"坦诚"的影响力，以及无论何时坦诚都不会晚。

三、我和女儿的"多孩家庭"初体验

因为和女儿寄住在哥哥家，他有两个女儿，都比我女儿小，所以我有幸当了半年"三个孩子"的妈妈，开始了把我学到的心理学养育知识运用到多孩家庭的具体实践。那半年里，晚上孩子们都入睡之后，是一个属于自己的写作时间，我会把当天发生的一些有意思的事情记录下来。其中有涉及如何管、如何教的例子，供有多个孩子的家长参考。

 日记 ① 关于准则和纪律

三个孩子，一个 13 岁，一个 8 岁，一个 4 岁半；一个上初二，一个小学三年级，一个学前班。如果我要同时照顾好她们三

个，让她们各自完成自己的功课，和谐相处，我需要像管理团队一样带领她们。我和她们在开学前组成了一个团队，约定好我们的纪律和奖惩办法，她们都签了字。两周过去了，效果明显。大家都比较轻松。

以下摘录了部分我们的协议内容：

Vicky, Hannah, Annikka

我们的目标是高效，收获和快乐，

而没有你们的支持和配合，我们达不到目标。谢谢你们。

准则：

一、我们每个人都是平等的，互相尊重彼此间的差异和不同，不得攻击和打骂任何人。

二、可以畅所欲言表达自己的想法和意见，承诺认真倾听对方。遵守谁是负责人，谁就有最后决定权的原则。

三、彼此之间诚实，相互信任，相互开放。有任何需求请正常提出。同意情绪属于自己，自己学会管理，不强加到别人身上。

四、不随意承诺，遵守承诺，为自己说过的话和做过的事情负责。

五、常微笑，乐观，多看到别人身上的长处和优点，常怀感恩之心，互相鼓励和支持。

六、自己做错了事情，无意伤害了他人，一定主动真诚道歉。

纪律：

一、早上起床时间：周一至周五 6 点 40 分（Annikka7 点半）。周六、周日 8 点前起床（Hannah7 点 40 分）。

二、晚上上床时间：周日至周四晚上 9 点准备上床，9 点半前入睡。周五、周六 10 点半前入睡。

三、手机、IPAD、电脑等电子产品每天控制使用时间（娱乐和查资料），Vicky1 个小时之内，Hannah20 分钟，Annikka10 分钟。

四、不浪费时间，在规定时间内独立完成当日作业和业余爱好练习。

五、第四项的内容都完成后，帮助做一些力所能及的家务。

六、自己负责收拾和保管好自己的衣服、各种学习用品和书籍。如有遗失损坏自行购买。

签字：

日期：2012 年 8 月 18 日

附件

与合作准则与纪律相配的执行考核准则。每天如果有严重违反的，均不能得到当日的 star。每周评选出表现特别优秀的一位，得到每周之星。每周之星相当于 3 个 stars，积攒一定数量 star，可兑换相应奖励。

奖品兑换准则：

10 个 stars 换得一个小饰品【任选例：小发夹、压发条、橡皮筋……】

换得一把尺子

换得一版 sticker

……

80 个 stars 换得一本书【任选例：家长觉得无用的书、图书馆借不到的书……】

……

300 个 stars 换得一件衣服【任选例：家长认为不需要的衣服、自己喜欢的衣服……】

上周五女儿通过考试，成功升入 ESL2 级，3 级毕业就可以转入 regular class，也就意味着这个孩子的英文已经达到本地生长的孩子的水平，可以修更多科目。今天放学路上，她说她做的作业被老师作为模板在课堂上展示和表扬了。

"真的？你太厉害了！"我一直希望自己稍微夸张地表达，以前我总是默默地听女儿说拿了第一名，考了 100 分什么的，心里总想着她需要更好。要改自己的习惯，就要先"矫枉过正"。写字的时候突然想起前两天女儿的数学测验得了 100 分，她当着同学的面告诉我，我又习惯性地嗯了一声，女儿说："妈，你好像不怎么高兴？"

被人认同对于正在寻找自我认同的孩子非常重要，我们对自我的认识最初完全是从别人的评价中来的。

"你总是丢三落四。""你总是慢吞吞。""你的作业为什么总是那么乱？""为什么你的成绩一直比××差？""为什么你总是不听话呢？""你就是个电脑迷，离不开电脑。""这孩子胆子小，害羞。"妈妈常说孩子是怎样的人，孩子就容易成为那样的人，这就是"妈妈的咒语"。

这就是为什么要提倡"赏识教育",家长反复说教和指出孩子的错误,以为能帮助孩子改正,但其实批评责骂最"有用"的地方只能是让孩子和你产生对立,立即进行自我防卫,小孩子自我防卫的方式是"找理由为自己开脱",这也正是很多家长痛恨的"狡辩"。

其实幼小的孩子不是不想听你的话,孩子只是怕你不喜欢她了。

虽然我们小时候就是被骂着打着长大的,但不代表这是让孩子养成好习惯的正确办法。我们的父母在那个缺衣少食的年代,已经竭尽他们所能,给我们保护和教养。而现在的我们,有更多选择。

所以,家长们,可不可以珍惜我们对孩子的影响力,换一种方法呢?

日记
3

女儿的数学升级了

昨天放学接到女儿,她说:"妈妈,数学老师让我升级,我升不升啊？明天要告诉老师。"做妈妈的心里当然欢喜，强忍住马上要蹦出嘴的"当然升啊"，我改问女儿："你自己怎么想?"女儿说："如果升级了，课程表全部都要变动，好麻烦。"

我一听心里有点紧，心里却提醒自己别急。继续问："是吗?老师换吗?"

女儿回答："老师不换，但时间肯定变了，上课的同学肯定又要变。"

我体会着女儿对这种变动的焦虑："那是，变动挺大的。那升级后有什么不一样吗?"

女儿说："内容学得更多，也更难。不过，我看了，整本书我基本都会，没什么难的。我考虑现在最主要的是要把英文提上去，要不就不换了。但要是不换，错过这个机会有点可惜。"

我问："喔，有几个同学可以升啊?"

女儿说："不知道，好像只通知了我。昨天课堂上我还把一道全班都没做出来的难题做出来了。"

最后，我给出了建议："要不你看这样，当我们犹豫不决的时候，我们可以把换还是不换的好处和坏处都写出来，看看哪些是你最想要的，哪些是可以忍受和接受的，哪些是你暂时可以放弃的，再做决定。"

今天放学回来，女儿说她已经告诉数学老师她选择升级。同时女儿的英文在 ESL1，这次期中考试她得了 A+，她同意申请提前升入 ESL2。

升不升级看上去是个小事，看见女儿又一次选择了适应改变，又一次选择了面对困难，选择了更高的挑战，看着她经历了这样的过程，看着她自己做决定，"我为女儿有这种品质感到骄傲"，我打算明天早上送她上学的时候，把这句话告诉她。

 日记④ 即使你如此不喜欢，
我还是会这样对你

从上周开始，我每天写 15 个英文单词到卡片上，正面是英文单词，反面是音标、中文意思和一句中英文例句。

是为女儿写的，她每天记 15 个生词，正好我也复习。她补习的英文学校校长面试她的时候给了她一本常用单词，3000 个单词里面大约有 1000 个女儿完全不认识。就从这本开始。

校长说，美国学生初中毕业进入高中，基本上是国内雅思6.5 分以上的水平，需要 6000 个到 8000 个常用词汇量。

在美国读书，你还需要听懂和理解很多惯用短语，是字典上查不到的。

1 天写 15 个单词，背 15 个单词，对女儿和我都不难，理论上，坚持 10 天也不难，但要坚持变成习惯，连续坚持 21 天并不容易。写的第三天，我就忘了。

如果我们能坚持 100 天，就是 1500 个单词；200 天，就有 3000 个。加上女儿现在已经知道和课堂上学的，不是就能在明年初中毕业的夏天达到和美国孩子差不多的词汇量？

我很少如此深入插手她的学习，但这次我有点想较真。

女儿不是那种什么都要问出来的孩子，虽然她每次都用"好吧"轻轻表示对我的要求的不反抗，但我知道，她在心里肯定问过，为什么自己比好些同学成绩都好妈妈还要求她背单词。

那一天晚上，从同学家回来的路上，我问女儿："你想提高你的英文吗？"得到女儿肯定的回答后，我再问："1 分有点想，10 分最最想，你有多少分想？"女儿说："10 分。"我说："真的？为什么呢？"女儿说："这样我就可以参与更多活动，和更多同学交流。"我再进了一步："好，10 分想。那我们就需要额外做些什么吧？"最后女儿说："你别说了，真烦人，我知道了，背单词，我把背单词的提醒做成屏保放我手机上。"

　　我知道，她还有很多的问题，从小到大都想问：

　　"为什么同学们都能喝各种饮料，吃各种零食，为什么你总说要喝白开水，不能吃那些五颜六色的零食？"

　　"为什么他们考了好成绩，父母都有奖励，而我考第一名也没有奖励？"

　　"为什么油炸的东西你不让我吃，总让我吃那么难吃的什么健康食物？"

　　"为什么别人家的孩子可以在外面 sleep over（过夜），我不行？"

　　"为什么你总是不陪在我身边睡觉，让我单独入睡？"

　　"为什么我就要让着两个妹妹？"

　　"为什么我买的零食，我还没有尝，都被她们吃了，你还说是小事？"

　　"为什么你总说我是个大孩子了，要我自己负责，从我 2 岁多开始说到现在？"

　　"为什么你总要求我把被子、自己的衣服什么的都要收整洁？我同学的房间大都很乱。"

"为什么你的要求是 18 岁才能真的谈恋爱？"

……

我知道我有时让女儿很不高兴，很不痛快。但是女儿，妈妈想让你知道，即使是你如此不喜欢，我还是要这样对你。

我不想告诉你"当我们不痛快，不高兴，感觉到困难，不愿意的时候，常常是我们成长的好机会"这样的大道理，你肯定不会听。如果我像你这么大，也不会听。

但我还是要这样对你，至于为什么，也许有一天，你有了答案，就会来告诉我。

我能告诉你的是，妈妈一直很爱你。

关于女儿的 *自我成长*

一、孩子说"无聊"是激活内驱力的机会

很多家长来告诉我说，现在的孩子没有学习动力，没有内驱力，家长在那里使劲"卷"，孩子在那里躺平。初中二年级是青春期孩子发展内驱力的敏感期，她们一方面希望自己能够变得更厉害，变得更充实，一方面她们的大脑神经尚未完全成熟，在某些方面具有相当大的可塑性，在如何发展自己方面还需要家长指导和创造条件。

这个时期的孩子对于小学时代那种"疯玩"的兴趣已经减退，她们开始向内探索，除了学校的学业以外，艺术和体育是对孩子的创造力和意志力培养促进很有帮助的两项活动。遗憾的是现在学校里，对这两门教育的重视度远远跟不上孩子的发展需要。所以，如果说孩子在课外还需要补什么的话：那就是根据孩子的兴趣，在艺术和体育两

大项中，让孩子去玩。这样不仅对心理健康、心智发展有很大帮助，也会对其他学科的学习有帮助。

日记① 女儿说在美国读书很无聊

今天是 Lateday，女儿忘了。我们快到学校门口的时候发现不对，怎么今天不塞车？这么冷清。女儿突然说："今天是 Lateday！哎呀，可惜了没多睡会儿。"女儿学校一学期中除了周末、法定节日，还有各种的"day"来减少上课时间，比如 minday，上午只上课到 11 点 50 分，比如现在每周一天的 Lateday，8 点 45 分才开始上课，还是下午 1 点 55 分放学。

虽然老师和家长几乎不见面（除了家长会），但每周孩子的成绩都会以邮件告知家长或是请孩子带通知单回来。没有名次，只有总分和等级。A+，A，B，C，D。每个等级是有比例的。最高分一般是 A+，女儿基本上在 A、A+，也有 B，通常是手工或者参与分会拉低她的等级和分数。

今天路上女儿说，感觉这边上课学的东西很少，除了英文口语。数学成绩好是因为全是国内早学过的，全英文授课她也基本习惯了，边学边猜。在中国从早自习背书开始，到晚自习下课，有很多学习。这里作业很少，回家最多 1 个小时全部做完，国内的同学都羡慕她，但她最近觉得很无聊，怕浪费了时间，没学到什么东西。

女儿在国内已经习惯了被学校和老师要求，被给很多的作业练习和考试，被充满着，看上去很充实，但有一个最重要的习惯没有养成，那就是主动学习的习惯。

日记 ② "除了功课以外，自己还想学点什么"的冲动有多重要

"机会来了。"前段时间因为女儿觉得在美国读书无聊，我写了段日记，看过的人对这句话都有不同的理解和猜想。

我的意思是，这个无聊的空间，让她有了除功课以外自己想要学些什么的冲动。

女儿在国内上小学、初中，没上过任何补习班，但从 4 岁多开始学钢琴，也是经历了一番折磨。考过钢琴 8 级之后，除了证书，钢琴就成了摆件，整年整年不摸琴了。当初想要通过练琴培养她对音乐和艺术的兴趣爱好好像很不成功。

从小学六年级开始，我记得女儿基本就没什么时间来练习和学习业余爱好了。更重要的是，她自己也没那个劲，觉得学校的学习已经很累了。

当她说，在美国学习无聊的时候，我觉得机会来了。

周末，女儿和同学一起去一个美术学校试课，两个小时后，从来没学过画画的女儿居然带回来一张水粉画。以我这个完全没有美术功底的人来看，真的觉得神奇。上周末，女儿又画了她的第一张素描，老师说她很有天赋。

美国重视人文学科，特别重视音乐、体育和美术，音乐是初中的必修课，每个学生至少要参加一个乐队会一门乐器。上高中后，参加一个体育团队，有各种体育活动和比赛。还有各种课后美术辅导班。

画画，目前对于女儿，成为画家基本是不可能，也不一定必须成为设计师。画画也许只是一种方式，一种还有很多想象可能的方式。

二、如何对待与比自己"好"的朋友间的比较

日记
③ 和画家的女儿一起学素描

　　去两个地方试过课，我们两个妈妈最终决定让孩子在天普美术学校学习画画。女儿和她的同学，也是她现在最好的朋友一起上课，同一个老师。她的同学小名叫瓜瓜，今年暑假从北京人大附中来，现和女儿一个学校，她爸爸是国内知名画家，著名院校院长。因为这两个小孩成了好朋友，我后来发现她妈妈是成都人，10年前还曾和我在同一个单位。

　　这个美术学校的校长认识瓜瓜的爸爸，教课的老师还是瓜瓜爸爸的粉丝，曾经买过瓜瓜爸爸的课。他很高兴瓜瓜能跟着自己学画，暗中觉得是个骄傲。

　　女儿告诉我，和瓜瓜一起学画画，压力很大，但的确也有很多好处。

　　女儿说，老师总表扬瓜瓜，总是指出自己画的不对，一堂课下来就没听老师表扬过自己。我对女儿说："老师说你很有天

赋。"女儿说，那是说给家长听的。

瓜瓜画画好，所以总显出女儿的不足，画得不好的地方，很明显。

女儿说："我有天赋，第一次学画画，如果以前也像瓜瓜一样学过，不会比她差。"接着又说，"我不是这样要和人比啦。"

我说："总是没得到认可，心里还是挺难受的吧。"

女儿说："这个老师还是很有趣的，还和我学说四川话。瓜瓜人好，不会有瞧不起人那种骄傲。不会让我觉得不舒服，再说啦，和比自己强的人在一起，才能学得更多。"

我禁不住边开着车边腾出右手来给女儿竖了大拇指，狠狠表扬了她。

真高兴女儿能这样去看待对比，这样去看待没得到的表扬，这样去看待被指出的错误，这样对待压力，这样学着去和比自己强的人相处，在自己没被认同、感觉不舒服的时候，还能看到别人身上的长处，能看到这件事情对自己积极正向的意义，得到积极正向的力量。

我发现，女儿的情商比我高。

三、感恩不只是礼貌，更是非常重要的心理营养

中学生的调查数据显示："认为父母对自己非常关心"的学生比例高达 90%，而对父母的付出心怀感激和回报意识的仅有 30%。科学研究发现，经常心怀感恩的人，身体更健康，主观幸福感也更强，不懂感恩的孩子一旦步入社会，则容易四处碰壁。

那为什么孩子常不懂得感恩呢？

"一切为了孩子""我都是为你好""这些都是做父母应该做的"，可能父母没有觉察正是这些常挂在嘴边的话，反而导致很多孩子不懂得感恩。还有的父母总是告诉孩子："只要你努力学习，考一个好大学，有一个好生活，我们付出再多也心甘情愿。"

另外一个方面，社会上追求精致利己，对利他和感恩教育的不足也是外在因素。

日记 ④ 女儿在微博里艾特了我

有一天，发现微博里有人艾特我，并引用了一大段文字。"【请爱护自己的父母】当你喝着可口的饮料时，请想想父母喝的是什么；当你穿着昂贵的衣服时，请想想父母穿的是什么；当你肆无忌惮花钱时，请想想父母买东西砍价的样子。他们只为让我们过得更好，我们所拥有的一切都是父母的双手换来的，请爱护疼爱自己的父母，铭记父母付出的血汗和汗水。"

觉得这些文字不错，进去她微博里，看了一会儿发现这人居然是女儿。

心里很高兴，发了评论回应她："相信你不是为了我喜欢这样的话才艾特我，为你骄傲。"

进入青春期的女儿，表面上看来酷酷的，超有个性，对传统的说教不屑一顾。但家长在怎样做，为她们做了些什么，她们心里跟明镜一样，不要以为她们没正眼看你，没有随叫随应，就是不尊重你。谁都要经历一个想要证明自己是独立个体、有别于其他任何人的阶段才能长大。她们不听你的，喜欢说不，只是其中一种方式而已。我们别和她们较劲，如果那样，不是和她们一样未成年？

也许女儿觉得我看太重了，想太多了，她只是随手发发而已。女儿愿意艾特我，我会把这个看成是对我最大的信任，以及对我的真诚表达，我非常珍惜。

四、孩子为何会缺乏自觉性？如何建设？

孩子缺乏自觉性可以说是让家长最头疼的常见问题，无论是学习还是生活上总是需要老师或父母不停催促，很少愿意自己主动去完成本该属于自己的任务。孩子如果缺乏自觉性，会造成很多危害，发展到后来家长不催什么都做不了，家长催又是相互伤害。

成长自觉性是指生命个体认识到自己需要不断发展和完善的自觉意识，有计划、有目标的自觉行动，简单来说就是主动寻求发展的意识和能力，家长评价孩子有没有自觉性主要通过实践能力来衡量。而孩子对自我的评价最初来自家长和老师的评价。

孩子为何会缺乏自觉性呢？表现多种多样，大体可分为两大类。

第一种是有想法，但没有行动。比如孩子明明知道自己应该在考试前抓紧时间复习，但必须在父母老师催促之下完成。促使孩子们养成这种习惯有外因也有内因，外因是孩子从小被老师家长催促监督习惯了；内因可能是某个想法原本就很被动，觉得是应该做的而不是自己主动想要的，也可能是缺少有效的方法去行动，还可能是对自己想要达成的结果预期过高，完成难度大，于是宁愿被骂"懒"，也不愿被骂"笨"。

第二种是没有意识到要主动去完成任务。这类不自觉的原因主要是好习惯没养成，若孩子没有养成良好的行为习惯，就容易随心所欲，无主动的定向行为。

孩子缺乏自觉性，也可能有个性中的气质特点的原因。如果孩子是胆汁质或多血质特质的，就更容易有自觉性；如果是黏液质特质的孩子，行动就会出现慢一拍，遇事容易回避，反应不及时不积极。

自觉完成自己分内的事情，这件事情其实从幼儿园3岁入园开始，就可以开始共同训练，这样到了初二这个年级，孩子就可以反过来教育家长了。

日记⑤ 妈妈，你不要管瓜瓜用手机

现在城里的孩子能离开电脑、手机、平板电脑的不知道有多少？小学五年级的时候，女儿喜欢上看电视，爱看综艺节目和古装戏，那个痴迷劲。我好奇为什么她每集都要看，她很认真地说："不看，和同学们聊天的时候，你啥也不知道，多傻啊，都没人和你玩。"原来是发展同龄人友谊的时候到了，怕被孤立，希望能通过从众被集体接纳。

现在城里的父母，很少有不为如何减少孩子上网时间、远离电子产品而煞费苦心的。

我也不例外。

小学五年级，女儿有了自己的上网电脑本，小学六年级有了自己的手机，并以半年更新一部的速度，初一下半学期用的已经是苹果4S。我的朴素想法是，父母和孩子有很重要的平等合作关系，所以我满足她的要求，她也满足我的要求。

我的原则和要求是自己控制好时间以及内容。我的办法是常在她耳边提醒只能玩多少时间，关注她玩的游戏，告诉她网络世界的虚无性，有些内容为什么不适合她看。

我不知道我那样做是不是有效，但目前看来，效果不错。

现在方法又要改了，女儿长大了，不喜欢听碎碎念了。

那天在上学路上的车里，女儿说："妈，你不要管瓜瓜（女儿同学）用手机。"

我有些疑惑，问："是吗？为什么呢？"

女儿说："她又不是你很亲密的人，管多了，她就不喜欢你了。"

"最重要的是自己能自觉，我能管好我自己。元芳，你怎么看？"女儿看着我说。

被女儿问"元芳你怎么看"，第一反应是好险，幸好我知道这个句话，意思就是"你觉得呢？"与女儿有共同语言，要进入她的世界，首先要学会她的语言，比如来了美国，无论你从哪个国家来，都要学习这个国家的语言，才能交流。

我第二反应是，女儿学会了提问，学会了征求别人的意见，尽管这是从网络上学来的。

我说："你的意思是，不用妈妈念叨，你自己可以控制好时间？

好，从今天这个时候开始，我完全不管，24 小时后我们比较下。"

已成为家长的我们当年不也迷过琼瑶，迷过三毛，迷过金庸，迷过古龙，迷过崔健的《一无所有》，迷过叶倩文的《潇洒走一回》吗？网络是孩子们了解世界、与世界沟通的通道之一，我们需要为他们发展更多更有生气的通道，比如读书，比如写字，比如画画，比如团体体育运动，比如更多社会实践，不用强行关闭这个互联网的通道。

但这并不意味着可以让他们在无比开放的网络世界里自由翔翔。关闭网络，收缴手机，不能单独在房间里上网这些方法我都不用，我希望用充分信任、提前告知的方法，让她自己学会鉴别和自律，当然，这种方法确实比较冒险。

成长的过程，绝对不会一帆风顺

从小学三年级开始，这是第七个年头，第七封开学信了。虽然有时你随意地收下信，看也不看就放在抽屉里，但是我知道，你很好地保存着这些信。

今年妈妈有三个词送给你：经历（experience），专注（focus），自我（myself）。

亲爱的女儿：

你好。

晚上接到你从学校来的电话很高兴，你肯定也和妈妈想你一样，想妈妈了。听到你的声音充满活力，开心。妈妈总是很无聊地重复地问："身体好吗？吃得怎样？功课那么重作业那么多能 HOLD（承受，掌控）住吗？"

老实讲，和其他妈妈一样，我也关心你的学习成绩，被老师表扬没、考试多少分、班上第几名，当然，你考了高分，得到奖励，妈妈心里很高兴，还可以炫耀。但如果只能问三个问题，我不会问这些。就像小学的时候，只要你放学的时候，我刚好在家，总会问你："今天高兴吗？"那是因为妈妈首先希望你是个身体健康、心里敞亮的孩子。

你真的长成了一个特别明亮的少女。去台湾自由行 8 天，出发前的攻略是你做的，一路上两口箱子和行李是我们分担的，单反相机一直是你随身背着的，清静农场的民宿是你找的。谢谢你，妈妈开始享受你的"服务"，我很高兴。

你超有爱心，那么渴望养一只小狗，在高雄六合夜市上你看到宠物店的那个眼神，我故意躲开不看。天知道，我多么高兴你这样喜欢动物，但是，因为现在我们俩真的没有条件和时间来好好对待一个宠物，所以我每次都以根本没时间养的理由，冷漠地拒绝你。将来有一天，也许你会明白，喜欢一个东西或者人，不是非要占为己有，而是要给它一个有益于它生长的环境。

　　从小学三年级开始，这是第七个年头，第七封开学信了。虽然有时你随意地收下信，看也不看就放在抽屉里，但是我知道，你很好地保存着这些信。

　　今年妈妈有三个词送给你：经历（experience），专注（focus），自我（myself）。

　　钱不是财富，"经历"才是。钱可以买到漂亮的衣服、鞋和包，但买不到经历。让人成长的不是钱，而是经历。

　　2012年夏天到2013年夏天，这一年，你经历了比往常更多的变化和挑战。你在美国闲耍，照顾两个小表妹两个月后，进入当地中学读八年级。陌生的教室，很多不认识的标志，前三天完全听不懂的讲课，别人做20分钟的作业，前两个星期你需要花2个小时。陌生的同学，下课时各国母语交错，你也只能找说普通话的同学简单交流。出门不方便，图书馆、超市、同学家、诊所、补课的地方、餐厅，几乎没有一个地方可以步行到达，也没有公交车、地铁、出租车，也没有随地随时可见的"火三轮"。

　　这些你都经历了，和妈妈一起。

　　后来妈妈因为工作回到中国，你独自一个人拎着两个大箱子，从洛杉矶到北京转机，再回到成都。

我为你骄傲，在美国读书的半年，你的各科成绩基本是 A 和 A+，只有手工和参与度分数有时偏低。我知道你骨子里是个要强的孩子，如果你不能确保自己完全听懂了老师的意思，你是不会主动举手回答的。美国学期结束的时候，你获得了学校的荣誉学生证书，也交了一个非常好的朋友。

回国后，你从一个注重动手、创造以及个性发展的教育体系中，再次回到了重视分数和排名的中学，缺了半年的物理、数学，我真担心你跟不上。但你没有要求额外补任何课。八年级结束的时候，你又在中国的学校里考到了全年级 39 名，你用半年的时间上了一年的课程。

可能别人看上去很折腾的这一年，对你和我，却不这样认为。

特别感谢这一年，虽然我也矛盾和内疚过，怀疑过自己到底做得对不对。

乖乖，妈妈想告诉你，经历没有对错，经历就是经历，经历就是那些你做过或者发生在你身上，对你有重要影响的事情和感受。经历没有好坏。

被接受，被喜欢，被轻视，被怀疑，被质问，被孤立，被误解，被帮助，被温暖；尴尬，难受，委屈，疼痛，压抑，悲伤……女儿，体验过就是财富。

你已经知道，任何事和人，都有很多面，有积极的、阳光的、乐观的，还有相反的很多面。任何一种经历都有可能是财富，只要你愿意，你一定从中收获一些东西。

"学习"是一种精神，"专注"是一种习惯。

在舅舅家里，你常常听见舅舅对女儿喊："focus！"通常人在从事自己特别感兴趣的事情时能保持专注，比如看喜欢的书和动画片、打游戏等。

但生活中又怎会全部都是你特别感兴趣的事情呢？恰恰相反，人们常常要做好多必须要做但并不感兴趣的事情。

你说你们班上有个台湾孩子，平时也看不出怎么用功，但成绩一直是年级第一。你注意观察，上课听讲、做功课、做别的事情时，他是不是都比别人专注？"耳听六路，眼观八方，一心多用"也是一种专注，专注的时候接受快，反应快，做事有效率。节约出来的时间可以干多少自己喜欢干的事情啊！

幸运的是，你从小养成了比较好的专注习惯，但年龄越大，接触和喜欢的东西越多，注意力更容易分散。集中注意力，养成并保持"专注"的习惯，在成长路上，你会比别人更轻松，更从容，也更自由。

最后，还想和你说说"自我"。

曾经我和你聊天的时候说过："青春期的本质不是叛逆，而是找寻自我。"

人们都是在别人的评价中开始找寻"自我"的，随着年龄的增长逐步为自己贴上"标签"。

3岁的时候，你最想做超市收银员。11岁的时候，你说做设计师比较赚钱。13岁的时候，你喜欢上了酒店管理。

你已经做好了初三寒假和暑假的打算，寒假肯定是各种补课。暑假不是出国旅游，而是参加托福培训，还让我帮你找个可以打工的小店开始你的实习生涯。

你有自己的观念和主张，有扬善除恶的侠气，特别能体谅他人的感受。很多时候，你显得比我还要冷静、宽容、乐观。

有人告诉我，你说"长大后，不想做和妈妈一样的人，那么好强，那么累"。很好，你已经知道不想成为怎样的人。慢慢你就会越来越清楚，自己想成为怎样的一个人，想要在怎样的环境下，和怎样的人，做怎样的事情。梦想这个词有点大，但妈妈希望你有自己的梦想，能否实现不重要，重要的是你一直要有，并且永不放弃对它的追寻。

这个过程并不短，有的时候你需要边经历，边改变，边寻找。不用担心找不到，跟随你心灵的声音，一定会找到那个让你感受良好的自我。

当然这个过程，绝对不会一帆风顺，你遇到什么都是有可能的。妈妈不能代替你做任何事情，但妈妈会一直在你身边，你可以告诉我任何你愿意告诉我的事情。你不会孤单。

这一年，是初三。

相信那些繁重的功课，随时的考试难不倒你。女儿，锻炼好身体。

这一年，妈妈的爱是聆听和陪伴。

爱你的妈妈

亲你熟睡的脸

2013 年 9 月 6 日

关于妈妈的 自我 成长

一、一直努力想和女儿成为朋友的我，认识到了自己的局限

那一场游走晃动的对话

和女儿谈话要找时间找地点，得看她的心情，我好长一段时间没有找到机会。家长们肯定都懂，这个年纪的孩子，那种"我想和你谈谈"的开头，很容易引起她的反感和抗拒。

如此期待和她痛快流畅地对话一场，但那一刻突然到来时，我却完全没有准备。

那天是个周五，只有我和女儿在家里，女儿没有去上日语课，外婆也没在家，好像是回自贡了。是怎么开始的也想不起来了，因为这日记是补写的。

可是我清楚地记得那个画面：我坐在沙发上，她在我

面前晃去晃来，从这间屋子到那间屋子，挥动着她细长的手臂，有时用手掌猛烈拍打墙壁，好像心里有好多的愤怒、委屈和挣扎，如夏日里毫无征兆却又积蓄多日的暴雨，雨又大又急，让你无从躲闪。

进入初三后，每个周末接到她，都能感觉她内心的压抑和愤愤不平。一开始我以为是学习紧张暂时的烦躁和焦虑。

那天她没给我说话的机会，一口气说出了很多我内心的担忧，还有很多原本想给她提出的做人做事的要求。有些是我知道提出来她会阻抗的，有些是我在思考用什么方式和她讲还未来得及讲的。出乎我的意料，我根本没认真给她讲过，她怎么已经知道那么多了？

我一直只是听，感受她的感受。那么会讲道理的我，的确想不出此时此刻能讲什么。我慢慢意识到，这不是一场我和她个体的交流，这是她代表她的同学、朋友，那股青春躁动的力量，与以家长和老师们为代表的成年力量的对抗，以这种方式表达他们的存在，找寻他们的自我。孩子们能感觉到成人对他们的不信任，他们在暗中笑我们，笑我们对他们的误读和低估。

孩子先天就有取悦父母的能力，在和父母互动的过程中，他们知道了做什么事情说什么话能让家长开心，做什么事情说什么话会让家长难过。

女儿说没有其他同学会像她一样，跟妈妈这样谈话，讲这些内容。我说很多父母都会和我一样的，很愿意和孩子们真心交流。女儿说，没人相信，她也不会告诉同学她给妈妈说了什么，否则会被同学认为和家长是一派的，而被孤立。一直努力想平等成为女儿亲密朋友的我，在那一刻，知道了我自己的局限。

亲子关系永远是一种无法平衡的爱。父母能做到的是不要有纠缠，不要有捆绑，不要有强迫，也不要有讨好。除了尊重、关心、鼓励、支持和爱，我们还能给孩子什么呢？

我们说教什么不那么重要，重要的是她听见什么，更重要的是她冲你爆发的时候，你是什么反应。

二、你有多希望孩子独立，孩子就有多希望得到你的信任

毕业旅行的十万个为什么

天下的父母都说爱孩子，天下的老师都说爱学生。

如果我说，其实天下的孩子，无论多大多小，多听话多不听话，都体谅父母、体谅老师，你信不信？

那一天傍晚，孩子们哭了，班主任哭了，来了的家长也哭了。

那一天离孩子们的毕业中考还有 13 天。

那一天傍晚之前，我收到了家长们给孩子们准备的毕业旅行资金，以为一切都已经安顿好了，孩子们可以安安心心，努力冲刺中考了。

但孩子们自己精心操持的毕业旅行计划，那一天，眼看就要取消了。

那两个月，频繁出现的学生集体出游事故让家长们充满担心和疑问，也让班主任重新考虑了风险，学校也不同意集中组织出游。

"交通安全怎么办？谁来负责？青春期孩子住宿在外，谁来监管？"

我作为临时上阵的家长代表，无法回答家长们的问题。

后来，我在想：为什么当女儿给我说"钟妈让我策划毕业旅行"，我没多问就盲目支持了？

虽然已经是中考的最后一个月复习时间，但我同意女儿说的，学习基础重在平时，况且能为集体做点事情，不仅是报答老师和同学们的信任，也是对她自己的组织和沟通能力的一次实战锻炼。

为什么有好些家长质疑、担心，老师犹豫，我还暗中支持了女儿？

所有家长的担心我都有。只是有个家长满脸疑虑地问我："你还是个女儿，你不担心啊？"我一时语塞。男孩女孩有很大区别吗？男孩不也应该要有约束吗？我只能说："空气中充满了细菌，但我们依然需要呼吸。外出充满了风险，但我们的孩子总要学会独立外出，学会面对问题，学会承担责任。去试错，才知道什么是对。我们家长把原则讲好，然后必须选择信任孩子。"

我还在想：为什么老师宣布决定取消，女儿连哭带吼地当着全班同学的面和老师对质，我默默将女儿接回了家？

在学校三楼教室走廊里，我一把抱住了哭得上气不接下气的女儿。她的委屈和失望，我不能感同身受，但肯定不是一般的，否则平时笑嘻嘻的女儿怎么会这样？老师看女儿哭，她自己也哭了。我能够理解老师的不容易和内疚。我只是没想到之前的筹划和努力突然就没用了，孩子也肯定一下接受不了。我说："让我把她接回家休息两天吧。"

回到家后女儿说，她当时和老师对质的时候，已经想好了。首先她是有道理的，其次妈妈不会责怪她，最后如果被赶出教室，功课已经上完，自己可以复习，不耽误考试。回到家冷静下来，女儿理解了取消的原因，我说尽快把钱退了，以免同学们总是找家长闹，不安心复习。女儿说："好。"

最后，为什么老师打电话来关心女儿，对她自己伤害了最喜欢的学生深深自责，我却和老师一起流泪了？

我为女儿平时在学校里的为人处世感动，为能遇见这样一位爱学生、开放的老师感动。

一次中考，学生老师都在承受巨大的责任和压力，是谁额外给了老师压力？又是谁让孩子压抑不已呢？我们能听听孩子们和老师的心声吗？

当我写完这篇稿子的时候，孩子们厦门的毕业旅行，在17个家长的支持下已经成行了。班主任装不知道默许了，一位妈妈自愿带团陪行了，我帮着和旅行社重新敲定了协议，组织了在校门口的KFC集体签署。

中考后孩子们就集结成团出游了，6月20日的深夜在双流机场，当我接到全部17个孩子安全顺利返回的时候，我真想上去抱抱每一位孩子和苦苦等候的家长。

谢谢这趟旅行，从开始到结束。

2014年5月29日

在2022年春天重新回忆这一段中考前折腾的经历，愈发明白这对女儿对我来说都是成长，后来女儿承认对中考成绩有一些影响。我曾问过她，大概有多少分差距，她轻描淡写地说10多分吧。其实我帮她加了一下，如果要真的多考10多分，也许她后来的求学之路会发生改变，比如被成都某中学国际部高中录取，就不会在高一冬天只身出国留学，高中阶段在成都完成，她的生活环境就会舒适很多，毕竟未成年的她在国外是住在寄宿家庭里，吃的是很不可口的西餐快餐，周围全是陌生人。

女儿曾告诉我，她不会后悔自己的选择，如果一直埋怨和后悔，既改变不了过去，也创造不了未来。如果她这样选了，她就会认定这就是自己最好的选择。

事实是在这之后的 8 年，女儿自己创造了她的未来。

坦率地讲，女儿的成长反过来带动了我，让我更加笃定和确信，遵从内心去做选择，相信自己，肯定自己，不要怕出错，更不要追悔。这也重建了小时候父亲教给我的"留得青山在，不怕没柴烧"的底气。

三、和青春期孩子发起对话的窍门

读到这里，可能还是有很多家长会问："那要怎么和青春期的孩子发起对话呢？看你很容易啊。"坦率地讲，并不是那么容易，如果你们觉得我一直很顺利，那的确是高估我了。有一篇我某一年的日记，和大家共享。

📔 日记① 用心表达，尽力看见

我问女儿："什么叫用心？"女儿用手机忙着和同学们分享各种段子和笑话，顺口答："用心就是用心啊。"

"那我们怎么知道有没有用心呢？"

青春期的孩子忙于自己的学习任务、交友等，很少能安静下来回应家长的主动提问或者谈话。这个时候家长怎么办呢？自己退回去把自己要问的问题好好想明白，再找机会表达给孩子，当然家长最好只负责清晰表达，不要去强迫孩子跟上自己的节奏，非要认同自己。家长也许会问："那既然孩子都不接受不听，我为何要讲呢？"我的答案是："这是我自己的需要，我自己要弄明白了才给孩子说得明白自己的意思。孩子现在看着没听进去，不代表对她没影响。"

女儿大学毕业时写给我的一封信里说，我讲的那些道理她好像没怎么听，但后来却融进了她自己的三观。其实，只要想一想我们自己的青春期，就知道那时是多烦父母的念叨，但有些念叨的确就形成了自己后来的三观。

所以我接着思考：什么叫看见？有位女诗人的一首诗，最后一句是："在那个夜晚，我们彼此看见。"

什么叫视而不见？为什么会视而不见？

眼睛看见的是物理上光的反射和成像，可是看见了什么、什么被看见了、什么被我们记住了、我们被什么影响了，是由什么决定的呢？

为什么我们会常说被打动？被打动的是什么？

摸摸我们的心，看不见是心没感受到，还是我们没用心去体验自己的感受？有好多事情，好多目标，好多聚会，好多任务需要完成，做着这件事想着下件事，今天边干着还要担忧明天、后天。

我们太忙了，太忙的心，就是"忘"。

用心，首先要给心时间，要停留，要感受，要寻找，要表达。

用心，就要专注在当下。

关于女儿的 自我成长

除了开学信，这一年因为陪伴时间变多，我也记录了一些和女儿的详细对话，还写了一些自我反思的日记，也许这些日记更能生动地反映女儿这一年成长中的关键节点。

一、青春就要"疯"，面对现实要有自己的主见

童话结束了，生活才开始

幸运的是，我的更年期还没到，女儿的青春期就已经来了。

女儿比我高了，但周末回来总缠着和我睡。有朋友问我："你女儿听话吗？"我："啊，是我听她的呢！"我这里想表达的"听"的意思是我倾听她的声音，不是"顺从"的意思。

一个周末睡前聊天时，我顺口问："女儿，班上真没有喜欢你的男生？"女儿大大咧咧地说："没有，我和那些

男生都是哥们。他们会让我给××带话。但××不要朋友的。"

班上的男生都叫女儿"杨哥",女生崇拜她,说她很"爷们儿",我心里其实有点着急,但表面装得很镇定,我鼓励女儿说,肯定有男生喜欢你,只是他们不敢告诉你。顺口说:"女儿,妈妈给你讲两个爱情故事吧?"女儿说:"不听不听,我们心理学老师天天讲爱情故事。"

女儿说:"学校心理老师说,你们知道的爱情,是童话故事里,公主和王子幸福地生活在一起了。其实童话结束了,生活才开始。"女儿大为赞扬老师这句名言:童话结束了,生活才开始。

她说,她将来的男朋友要1米75到1米85,不要超过1米9。高中阶段她都要做很骄傲的公主,拒绝那些男生。她说这些话是来暗示我,不用为她会交男朋友这事儿操心吗?女儿还是个小女孩的时候,我就给她种下"种子":"你呀,要在18岁以后才会遇上自己的王子。"

女儿说,她以后住的房间,要很整洁,一个月丢一次不要的东西,用品要用好的,数量不要多。我赞同并提醒她:"想得到,才做得到。"虽然,现在她周末回到家,衣服随处扔，小房间里一床卡通玩具，桌子上摆满各种文件书籍。但我相信她，当她独立生活的时候，她会做得到，因为她从小住在这样一个家庭环境里。

女儿说，青春就要疯一点。她不喜欢那些只会努力读书的同学，觉得青春就应该调皮，就应该有自己的个性，就应该有自己的主见。

二、兴趣是最好的老师，追寻学习以外的兴趣

男神的力量有多大？

女儿初二的暑假，我好好当了回"追星"妈妈，不是星妈，是"追星"妈。

还在期末考试前，女儿房间里的墙上突然多了一张清秀青年的照片，直到有一天，女儿非常崇拜地给我介绍，这是她的男神，漂亮精致。

有一天女儿说："男神要来上海开歌迷见面会，名额只有 600 人。"我问她："想去吗？"女儿兴奋地说："想去。"

趁着出差去大连，我买好了机票，带上女儿，专程提前先去上海，选了男神歌迷见面会附近的酒店住下，然后去买黄牛票。没想到啊没想到，黄牛票贵出一倍，那么难买。我和女儿、女儿的同学，三个人像无头苍蝇一样围绕着会馆，和黄牛们斗智斗勇。等到快开场时，女儿激动地拿着唯一的那张票，和我们挥手后就进场了，看着女儿快哭的样子，我觉得这张票太值了。

　　出来的时候，女儿已经哭得像个泪人。她说，她和男神面对面，还握了手，她一直说："他太好了，那么随和那么漂亮，手那么纤细。"天啦，我们谁没有追过星，我真情实感地跟着她一起激动。

　　"志当存高远"，我借着男神的"东风"，鼓励女儿以后找男朋友应该有个高标准，身边的小男孩就都忽视了。我暗示女儿，她的王子现在都已经上大学了，要以后才会遇上。

　　女儿总是觉得，某一天去上海旅游，可能会在男神出生的地方遇上男神。所以她选择了业余时间学习男神的母语。她用了半天在网上搜索了成都口碑较好，性价比好的一所私人教育机构，根据自己的时间和学习目标，为自己选了一个一对一的私教，告诉我的时候，我只剩下两件事：第一，每周开车送她去远在川大附近的教室；第二，准备一学期的学费。

第一次试听课，女儿就喜欢上了她的私教老师，"她又温柔又漂亮，说话好听"。我心中暗暗高兴，因为我默默希望女儿长大后，也能温柔漂亮，至少找到个目标。

这个外语学习，女儿坚持得特别好，有的时候，要上3个小时的课，她也能接受。我惊讶每周一节课或者两节课，平日学校都没有复习的机会，她是怎么记住的。女儿说："兴趣是最好的老师，在语言学习上我有天赋。"

好吧，让她学吧。年轻的时候，盲目自信点也好。就当是每周让她来这里轻松愉快下。

2013 年 12 月 30 日

三、抱怨和释放，责任和担当

孩子行为背后的语言，被家长听到了吗？

我被女儿班主任请家长了，说最好和其他老师都谈谈，原因一是女儿不勤奋刻苦，自由散漫，还带坏班风。具体表现在：和成绩差不求上进的同学混在一起，在班上宣称和鼓吹"只会读书没前途"。原因二是女儿怕背书，据语文老师说女儿灵气下降，阅读理解没以前做得好。宿管老师说女儿太调皮，不听管，晚上睡得晚，早上起得迟，不再是以前的乖乖女。

我丢下工作，一路奔去学校。老师说："你一定要好好说下，严肃地和女儿谈一谈。她自以为聪明就可以上好学校，怎么可能嘛！什么东西可以不用努力就得到？好学校都要看成绩。"

我点头乖乖答应下来，准备回家好好和她谈谈。

放学接到女儿，我还没开口，女儿就像知道老师和我说了什么，她先声夺人地开始了她的"演说"。

"我最讨厌总是反复地说，说一遍就可以了。我自己知道应该怎么做。班上有很多的同学，离开了老师的强压，成绩就会下降。但我不会，有没有老师的强迫，我都是一样。我打算这样过初三：寒假补课，然后去餐馆打工体验；中考后旅游回来，专门补英文。高中我打算就在美视读一般的班，虽然我能考上重点实验班。主要的时间要去补习英语。我申请大学目标是康奈尔（美国常春藤八校之一）。"

晚上我没有多说话，我刻意忍，终于忍住了不要去评价她，评价老师，也没有苦口婆心让她去理解老师。

女儿继续发着牢骚，抱怨着像标准尺子一样的刻板教育，心里的愤懑倾泻而出。

我的确不知道应该要说什么。我告诉自己，她只是在宣泄，如果我这次堵住了她，她会立即乖乖闭嘴，但是今后再也不会在我的面前抱怨，那，她去哪里抱怨会比在妈妈这里抱怨更安全呢？

所以，没想好以前，我最好不开口。

我常说："女儿，你知道哪里申请学校都要看成绩吧?""女儿，你知道自己要为自己的行为负责任吧?""女儿，你知道学习是你的事情吧?""妈妈的事情是做好自己的工作，支持你的学习。"

我也说："女儿，你有权利选择做自己，但要顾及周围的人和事情，我们不可能活在一个人的世界里。我们时常需要别人的帮助。"

其实，女儿是在意成绩的。今天下午打来电话就问我："妈，收到家校通的成绩通知没?"

她半年没上国内的课，没有找过老师，没有花过补课费去补过一次课，回来半年多成绩就赶上来了。她一直保持在只有全年级前40名的学生的第一考室，我知道她不是没用功。

女儿说自己是学文科的料，数学比较差，好在每次数学考试还都能考上100分。

去年夏天我俩在台湾旅行时，她就安排了自己初三的寒假和暑假日程。回来她写了两篇作文，写台湾的自然风景，关于人文，这两篇文章我是今天才偶尔看到。

我的宝贝女儿正在长大，在体验真实生活的真实感受中长大，了解自己，体谅他人，适应周围，保留思考，形成独立的自我。

青春期孩子行为背后的语言，被我们父母们听见了吗？

四、怎样可以让孩子既学会吃苦，又学会享乐呢？

初中阶段的孩子会经历很多与小学阶段不同的事件，对一个心智成熟的人来说，决定她的最终行动的，并不是发生的事件本身，而是她对这个事件的看法。所以，成年人在这个阶段去向孩子示范如何看待经历是非常重要的。

"自我"则是贯穿整个青春期的词语。在经典的弗洛伊德"三个我"理论中，将人的性格分为：本我（本能自我）、自我（客体自我）、超我（主体自我），这里简单分别介绍一下这三个"我"。

"本我"是指本能的我，是人内心中最原始、最模糊、最隐蔽的部分。追求及时的满足和舒适轻松的快乐，具有非理性、非逻辑性、无序性等。

"自我"是指面对现实的我，属于意识层面的我，从本我中分化而来，通过后天学习和接触外界获得发展。一方面，"自我"通过知觉和思维想方设法实现"本我"的目的和意图；另一方面，"自我"把人们违背"超我"的内疚和不安放回潜意识中，对精神活动起调节、整合作用，遵循现实原则。

"超我"是从"自我"中分化出来的社会化、理想化的"我"，居于管制地位，是由个体在生活中接受社会文化道德规范的教养而逐渐形成的。"超我"包含两个部分：一是自我理想，是指要求自己的行为符合自己理想的标准；二是良心或是道德，约束自己的行为免于犯错。"超我"遵循完美原则。

只有"本我"的人是婴儿，只有"超我"的只能是机器人。

如果三者在一个人身上相互整合互相协作相互促进，那么这个人的整个心理状态就很健康，能悦纳自己同时社会适应性也好，自我也就比较舒服。相反，这三者如果相互打架、各不相让、无法整合，那么这个人就会很痛苦，外在表现适应性差，无法很好地完成现实任务，在孩子身上就会表现为没法上学、没法交朋友、没法听课、没法发展任何兴趣爱好、无法管理自己的情绪和日常作息等。

在我这些年的咨询工作中，常听见孩子说："我知道我应该去上学，好好学习。"我问："为何应该?"他说："因为要考一个好学校，以后有一个好工作啊。"我问："要一个好工作干吗呢?"他说："过得轻松舒服啊。"我问："听上去逻辑很顺啊。你希望过得轻松舒服吗?"他说："我也不知道。"我说："有一个好工作会不会轻松舒服你不一定相信和确定，但现在不去学校面对那个压力环境，待在家里肯定要轻松舒服得多，是不是这样啊?"他就笑了："呵呵，好像是这样。"

我总给家长们说：如果可能，请不要简单粗暴地给孩子贴上"懒""没有上进心""怕困难""吃不了苦"这些标签。追求轻松快乐是"本我"需要，很多家长还一直错误地塑造孩子的人生观，一直引导孩子，告诉他们人生的目标就是追求轻松快乐，今天的努力辛苦是为了明天的轻松快乐。孩子小的时候还好"哄骗"，到了初中以后，他会自己观察和思考，发现：成年人的生活也不全是轻松快乐的，那为何不及时享受呢?

青春期是孩子"自我"形成的重要阶段，家长可以怎样帮助孩子呢？

承认和允许那些"本我"，比如抱怨、发泄、冲突；给予孩子健康真实的"超我"法则（俗称的三观，人生观、世界观、价值观）；少说多听，多理解多尊重孩子的感受和想法；容许孩子犯错，给孩子留出精神空间，让孩子的"自我"可以一边感受一边体验一边整合……

小的时候，女儿长身体，所以我们需要特别注意她的饮食，教会她走路，但我陪女儿的时间很少，无论怎样内疚，都已经过去了。她个头已经是个大人了，比我还高出两厘米，但心智却还正在成长。她开始要思想独立，她想自己走，但也会摔跤，我不是要牵着她走，只是陪在她身边无比重要，在她摔跤的时候，能有人扶她，安慰她，告诉她哪些路可以走。

很多人问我："你怎么让她回国来了？为什么不继续在美国念书？她有舅舅、外公外婆照顾，多好的条件呀。"我承认，美国的教育的确更适合像女儿这样有独立思想、不愿被约束、喜欢想象创造的孩子。舅舅、外公外婆肯定会照看好她的生活，也许比我更好。让她回来，理由只有一个，就是妈妈目前的事业在中国。女儿的青春期，没有缺席太多，这让我安心。

其实具体的做法很难用几篇文章概括，因为孩子和家庭的情况各有不同。好在人性和心理发展有些共性可寻，我和女儿之间的一些故事、对话以及内心活动，也许可以给家长们一些参考和启发吧。

学会选择，懂得坚持

> 追随自己的内心，勇敢地去体
> 验，不辜负洋溢暖阳的青春。学会
> 在无数的可能中选择，懂得在选择
> 后努力地付出和坚持。

亲爱的女儿：

你好。

这个 9 月，你开学了。你以高出重点线 10 来分的中考成绩，获得 2000 元奖学金进了实验班。7、8 月你一直在上托福课，这是去年暑假你安排好的学习计划。开学第一周我们请假去了西藏，这次旅行不是我们带你，而是你陪伴了我们。很高兴看到你清澈单纯的快乐，看到你面对旅行中的变数表现出的淡定和自我坚持，也看到你去拜访村郎客栈，拿到村郎亲笔现场签名的《藏地孤旅》后兴奋的表情，这坚定了你自己明年出游和写游记的想法。你说："我要从樱花开放的时候开始，一路追赶它开放的路径。"

这个9月，你戴了一年零十个月的钢牙套取掉了。你露出白牙灿烂的笑在我心里开放。这一年十个月来经历的磨难和痛苦，从未听你说过不能忍受和想要放弃。我真是佩服你克服困难的毅力和勇气。

这个9月，你组建了学校的日语社团。还在旅行的路上，你就开始用手机忙着远程筹备：争取老师资源，帮助写社团宗旨。回学校后，你摆摊招收团员，晚上在电话里欣喜地告诉我："妈妈你知道我们收了多少学员吗？37名。还吸引了个外教参加。"我能感受到你激动的分享中也有对自我的鼓励。

这个9月，在一个你偶然掀开钢琴的午后，你突然决定，重新学习和练习钢琴，争取练出一首好曲子，争取考过专业10级。但你也知道，这事儿不容易。4年前，你用了怎样的魔鬼训练才考过8级啊，手这么生了，还能在这么紧张的高中学习中坚持练出来吗？你说："那时，为了考个好分数放弃了练琴。现在练琴是为了自己有个音乐专长，同时能帮助自己申请更好的学校。现在动力很足。"

这个9月，你和同学两人主动承担了黑板报的策划和制作，其实你不是宣传委员。你在班上做了主题演讲，自己跑上台呼吁同学们联名上书自主管理手机，而不是交给老师管。你说，你们就快成年，要学会自我约束和自律。同学们掌声雷动，而老师居然同意了。

这个9月，你决定了要学习文科。告诉我全班在课间发起了一场讨论：是否选学文科，是因为学习成绩不好吗？你说你选文科是因为从小喜欢文科，你8岁开始写诗，真可惜，你9岁时老师给你做的诗歌博客我们没有很好地维护，现在找不到了。但我现在依然记得那些句子带给我的震撼。小学四年级你写了一个武侠剧本的开头，初中时你写的散文还被收进了文学社的社刊。

这个9月，你的托福红宝书几千单词已经背过两遍。托福老师对你的写作和听力的评价是："她的坚持和进步都很稳，一直在往前。总觉得收到这样的学生自己很幸福。"

这个 9 月，你第一次数学考试，考了 62 分。这么多年你第一次考全班倒数第二。同学看你每天都很快乐，问你为什么考了这个分数，还笑嘻嘻的。你说："分数不是决定心情的唯一因素啊。"但第二周周考，你的数学就上了 70 分，名次提升了 4 名。你激动地夜里打电话告诉我，我就知道，你还是在努力，不想数学考太差。

妈妈从你两岁开始，就总对你说："你长大了，是大孩子了。"但今年觉得，你真的是长大了。你从小养成的独立思考、独立学习的习惯，正在帮助你成为一个内心善良、追求自我、充满热情、向往美好、尊重自己和他人、懂得取舍、有担当和大气的姑娘，你正在成为一个独一无二的自己。

妈妈还想告诉你，一些生活的真相：

1. 生活要自己过，没有人可以替代你。

2. 选择和努力一样要重要，而每天的生活中充满了各种选择。

3. 没有不用付出的获得，只不过别人的付出有些你看见了，有些你没有。

4. 岁月无情，时间有情。好好善待和充分利用时间，多年后，你一定会感谢现在那么忙那么辛苦的自己。

5. 好女孩，宠不坏，但前提是女孩能够自立生活，不管是物质上还是精神上。你值得也配得上享受有质感的生活，那是因为你能够创造它。

6. 好感情，要等待。水蜜桃、荔枝、葡萄、西瓜、橘子，你想想：你最喜欢吃的水果，生涩的好吃还是熟的好吃呢？青涩是成熟的必然阶段，感情也一样，青涩的阶段会来临，会经历，而成熟需要时间。不熟的水果不要摘，给它时间让它成长。

这些我们跌跌撞撞到 40 岁才明白的道理，现在告诉你，并非想要控制你。韩寒说："从小学会了很多的道理，还是过不好这一生。"亲爱的女儿，我希望你追随自己的内心，勇敢地去体验，不辜负洋溢暖阳的青春。学会在无数的可能中选择，懂得在选择后努力地付出和坚持。妈妈和爸爸会陪在你的身边，等待着你去发现属于你自己的世界和语言。

我还盼望我永远保持善良和追求真理。哪怕你知道不这样做可以带来很多好处。

你要允许自己难过、悲伤、忧郁、矛盾、困惑、忧愁、哀怨，更要永远喜欢自己，喜欢自己旺盛的生命力，这样这些情绪总能慢慢流过。

亲爱的女儿，咱不用羡慕别人，要羡慕自己，因为没有人能活出你的样子。而我，爱你的样子。

妈妈

2014 年 9 月 25 日

关于妈妈的 自我成长

一、面对女儿，我变得笃定和充满信心

有人曾说：从妈妈的角度看孩子的世界，不难，难的是妈妈蹲下来，保持和孩子一样的高度看世界——我们是一样的生命，我们彼此尊重，一起成长。

写了很多年开学信后，我开始发现和承认这些信同时是写给我自己的。比如在这封信的后半部分告诉孩子的 6 个生活真相，并不是我小时候读书从书里学来的，我的父母、老师也没有给我说过这样的话，是自己经历过生活捶打后的领悟，所以写的时候文字就像是山泉一样汩汩流出。

当时女儿刚上高一，她初二曾去美国读书半年，经历过陌生新环境的历练，除此以外生活总体比较舒服惬意。我猜想这些句子一时半会儿不会对她产生明显的影响，但我相信随着年龄的增长，她会遇到大大小小的挑战。先以

文字的形式给她"催眠"播种，也许有一天她需要这些的时候会记得打开看。

二、我开始明确向孩子表达

大多数家长说，孩子一到青春期，交流沟通就变得困难了。我问："怎么变得困难了呢?"家长说："她根本不听你的啊，就算是听也是表现顺从。你说你的，她干她的。"

我说："喔，家长的意思是孩子变得不听爸爸妈妈的道理了? 不顺从爸爸妈妈的建议要求了?"家长勉强地说："大概就这么个意思吧。"

如果孩子不听，不顺从，家长还要不要明确表达自己的道理? 当孩子带着些许嫌弃对你说"算了，给你说了你也不懂。你根本不懂我，我们三观不合"的时候，家长还需要表达吗?

我的答案是肯定的：需要，当然不是情绪化的表达，不是居高临下的"我比你懂得多"的俯视控制，不是气急败坏的指责，不是委曲求全避重就轻的讨好，不是像电脑一样的没有情感的讲道理。那家长需要怎样表达和引导呢？

懂一些心理学常识的家长都知道，孩子的青春期就是需要发展"自我同一性"，一方面需要反抗家长，要求有自己的隐私空间，以便保护自己的独立思考和感受，一方面需要得到更多客观知识和观念的指导。

因此，这给家长带来了更多的挑战。在和青春期孩子交流的时候，需要对三观做一些澄清，双方都可以表达自己理解的三观是指什么，讨论一下，三观是不是会一成不变。

那么三观具体是指什么呢？简单说来，就是如何看待人生、度过一生的人生观，认为什么是有价值的价值观以及如何看待他人和世界的世界观。

家长在给孩子输出自己的三观的时候，直接讲道理只是非常基础的做法，如果还要加上对孩子的控制，句子中用上"应该""必须""至少"这样的词语，通常只会惹来孩子的抵抗。

家长怎样讲，孩子才有可能听进去呢？我在这封信里，做了一些尝试：

首先，用心观察孩子，而不只是简单评价孩子好或不好。

　　关注她的存在，而非关注她的成绩；肯定她的各种真实感受，行为的努力与付出，无论是对外在世界，还是对自己内在的情绪情感。

　　比如在信的前半段，我用了很多的描述，像陈述事实一样，让孩子感受到妈妈对她一如既往地看见。

　　其次，耐心相伴，而不总是唠叨和催促。

　　这个年龄阶段的孩子，会有比小学阶段更多的"心思"和"烦恼"，想去做又怕失败，他们特别需要得到允许，如果父母能接纳他们因为挫败带来的负面情绪，给他们肯定，那么他们将会变得更加有勇气，也会对爬过一座座人生的山峰更有信心。

　　如同我在信里写的："允许自己难过、悲伤、忧郁、矛盾、困惑、忧愁、哀怨，更要永远喜欢自己，喜欢自己旺盛的生命力，这样这些情绪总能慢慢流过。"

　　最后，宽心放手，同时做好温暖港湾。

　　父母要做到这两点，最主要的是要对自己的孩子有信

心，相信自己的孩子有本能的求生欲，相信孩子也有希望
自己独立向好的本能愿望。

"亲爱的女儿，我希望你追随自己的内心，勇敢地去
体验，不辜负洋溢暖阳的青春。""妈妈和爸爸会陪在你的
身边，等待着你去发现属于你自己的世界和语言。"

在这里，我没有用"等待着你去发现更精彩的世界或是
充满希望的未来"来激励孩子，是因为这个阶段的孩子特别
不喜欢也不需要一个规定好的世界，那会引起她们的无端反
感。我使用了这个年龄阶段更能接受、和她们内心更一致的
语言："等待着你去发现属于你自己的世界和语言。"

看上去只是一个句子不一样，但对孩子的指引和帮助
效果就可能大相径庭，对亲子关系的影响也是迥异的。

三、关于选择和坚持

"选择"和"坚持"是人生必修课，毫不夸张地说，
是终生必修课。有的人说，如果你足够热爱，就一定能坚
持。但事实是，无论你一开始多么热爱一件事情，多么坚
定地选择做一件事情，如果想要做出点什么成就，一定会

遇到一些感觉坚持不下去的时候，一定会面临选择，会有想要打退堂鼓的时候，而此时，如何"选择"又重新回到你的面前。

孩子应当了解并不是所有的选择都需要坚持，并不是所有的选择都可以从始到终，但既然选择了，就一定需要努力付出和坚持。孩子更应了解并不是所有的坚持付出都会取得预想的成功和结果，我们还可以有重新选择的机会，过程永远比结果更重要。比如我向孩子坦诚我和她爸爸的分开，比如我带着她去了美国然后又回到中国，比如做了决定要去日本旅游，后来没有实现……当孩子了解这些后，才能在利弊交织的矛盾中更敢于做出选择，更愿意去努力，也更能接受结果。

所以，"生活要自己过，没有人可以替代你。选择和努力一样要重要，而每天的生活中充满了各种选择。学会在无数的可能中选择，懂得在选择后努力地付出和坚持。永远保持善良和追求真理，哪怕你看到不这样做，可以带来很多好处"。

关于女儿的 自我成长

一、度过青春期情绪体验：迷茫和郁郁寡欢

有研究者做过一项研究，在一天里不定时呼叫青少年，请被呼叫者立即记下当时的情绪、想法及行为。结果表明，无论是积极情绪还是消极情绪，青少年体验到的高峰情绪远比父母报告的多；"自我反省"和"难堪状态"的发生率均比父母报告的高出2—3倍。

青少年更容易感到"笨拙""孤独""紧张""被忽视"，情绪波动幅度也比小学阶段小得多，主要是一个情绪"滑坡"过程，初三学生和小学五年级学生对比，"非常高兴""成就感""自豪感""平静"这些更能促进心理效能的情绪降低了50%，也就是只有原来的一半了。

还发现，女生比男生更容易忧郁。女生产生忧郁情绪的比例是25%—40%；男生则是20%—35%，到17、18岁时更明显。普遍认为在青春期的情绪认知方面，女生比男

生更易感，诱因也多一些。

美国心理学家埃里克森认为：青春期是个体获得统一性、避免角色混乱的关键时期，解决危机的最主要方式是主体认识自己，回答"我到底是个什么样的人""我有什么特征""别人喜欢我还是讨厌我"等一系列关于"我"的问题，在这样一个复杂的过程中，孩子难免会出现迷茫和郁郁寡欢。孩子可能会言行不一致，总是矛盾纠结又想这样又想那样拿不定主意，脾气烦躁，不想和家长讲话，等等，这些表现都很正常。

在信的前部分，我照例挑选了女儿过去一年做过的一些事情，孩子在经历混乱时更需要家长可以稳定持之以恒地输出"看见"，看见孩子已经做到的、希望做到的，可帮助孩子增加正向情绪体验。

"好"事反复说，"不好"的事说一遍，这样交流的方法在青春期更加需要。

二、自我责任感的建立

责任感是什么呢？是指对自己的角色或自己期待做的

事情勇于承担并尽力完成的情感。

责任感不仅要求利己，还要求利他、利集体、利国家。责任感反映了一个人自觉主动地做好分内分外事情的精神状态，是一种人格特质。包括自我责任感（对自己学习、品行、目标和人生负责），人际责任感（对朋友、老师、家人负责）和社会责任感（对集体、民族、国家负责）。

很多家长诉苦说，现在的孩子条件太好了，别说社会责任感了，就是对自我负责都很困难。

真的是条件太好了造成的吗？还是因为生活物质条件变好之后，家长总想保护孩子少走弯路，让孩子失去了很多承担责任，锻炼自己的机会？

另外，学校的课程设置总是围绕应试教育的分数课业展开，是否忽视了重要责任感的德育教育和社会实践培养训练呢？

责任感是一种人格特质，需要一定的经历来培养，可以是成功的经历，也可以是失败的经历。和自觉性一样，责任感不是天生的，需要后天有方法以及遵循心理发展规律地引导和训练。

家长可以怎么做呢？在这封信里，我继续了妈妈对孩子的"看见"和"催眠"。三个有效的方法：首先，当做出负责任的行为时，孩子自然会体验到心安、自豪等积极情绪，家长及时关注这些积极情绪，并给予持续反复肯定，会让这些积极情绪成为情绪记忆，积极情绪的累积有助于培养责任感。其次，当孩子在转移、推卸、逃避责任时，则会体验到不安、内疚、自责、羞愧等消极情绪，这个时候家长需要淡化它，承认但不强调，让消极情绪自然流过，不会让孩子形成情绪记忆。但大部分家长的教育是相反的，家长们总是"盯着"问题反复说："你咋这么不自觉？你就不能自觉点吗？"这不仅会让孩子产生阻抗，还会使其积累消极情绪记忆，使孩子面对责任更容易产生逃避心理。最后，利用生活中一些两难的抉择冲突，帮助孩子通过理性思考，分析各自利弊、责任归属，增强责任抉择能力和责任效能感。

三、心理断乳期，人格越来越独立

通常来说，从初二到高一是孩子的心理断乳期。这一时期孩子的自我意识增强，与父母的冲突增多。如果家长掌握了一些知识和方法的话，这个时候也是发展孩子独立人格的大好时机。

第一，当然是肯定孩子已经表现出和做到的那些行为与品质，通过你日常生活的发现，去证明你对孩子的欣赏是有出处，是真诚的。就像人们说的，夸赞要有细节。

第二，给孩子自主权，家长能提供一个宽广的"可试错"区，当孩子表现出要为自己做主的时候，家长应明确建立好边界：不违法乱纪，不破坏他人的财产安全，尊重自己和他人的身体权……除此以外，孩子都可以打开想象，去尝试自己的想法。

第三，性格独立的性别差异并非来自基因，而是来自教育。

现在的家长们大都希望孩子长大后能有独立人格，希望他们能自立，具备自己照顾好自己的能力，不要依附依赖于他人；有自己的主见，不会人云亦云没有主心骨，轻易被洗脑，能相信自己有判断力、依靠自己解决问题等。

青少年时期正是孩子由依赖向独立、幼稚到成熟的过渡期，是孩子从自然个体成长为社会个体的必经的过程。他们开始不再像儿童时期那样凡事都找爸爸妈妈帮忙，而是想慢慢走出"保护伞"，主动迎接风雨历练。如果爸爸妈妈此时继续以"为你好"的名义插手、限制、规定原本属于孩子的抉择机会，很有可能孩子就错过了这个敏感期，未来遇到麻烦遇到需要自己负责的时候，变得很容易退缩。

所以我在信里告诉女儿：

妈妈从你两岁开始，就总对你说："你长大了，是大孩子了。"但今年觉得，你真的是长大了。你从小养成的独立思考、独立学习的习惯，正在帮助你成为一个内心善良、追求自我、充满热情、向往美好、尊重自己和他人、懂得取舍、有担当和大气的姑娘，你正在成为一个独一无二的自己。

好女孩，宠不坏。但前提是女孩能够自立生活，不管是物质上还是精神上。你值得也配得上享受有质感的生活，那是因为你能够创造它。

当然我可以预想，如果我的女儿如此独立，一定会和大多数人喜欢的"女孩"不一样，我在信的最后表达作为她的妈妈的坚定支持："亲爱的女儿，咱不用羡慕别人，要羡慕自己，因为没有人能活出你的样子。而我，爱你的样子。"

你长成了自己的样子

太喜欢你，想抓住你，又想放开你去自由成长。所以，我是矛盾的。你不需要完全读懂我啰唆的话语，因为，你早就能感知。

亲爱的女儿：

你好。

想着这几天要给你写开学信的，可能是感觉你很快又要返校，心里有点乱，一直下不了笔。

你可能现在也没法安静地把这信看完，不过没有关系。

昨晚回来冲你发了几句牢骚，觉得不应该。我非常希望你能够提前优先利用时间把这些东西收拾好，但你还从容地玩手机游戏、看剧、和同学聊天，这不是有效的时间利用方式，潜意识里我希望你能像我一样，每天忙个不停，容不得半会儿轻松。但在潜意识里，我却希望你不要过得像我一样，而是可以过得比我轻松，比我懂得享受快乐。

太喜欢你，想抓住你，又想放开你去自由成长。所以，我是矛盾的。你不需要完全读懂我啰唆的话语，因为，你早就能感知。

有那么一刻，突然感觉我很像我的父亲。外公身上有很多的优点，对我这些年来的学习、成长和工作，都考虑得细致周到且长远，对我帮助很大。但同时，虽然我很不喜欢他不怎么开心，很多抱怨，但我却不时地在模仿他。

说了这么多，是因为我突然意识到，我自己现在的言行（不只是告诉你的那些道理），正在对今后的你，产生影响。

所以，我要慢慢改变我的焦虑和抱怨，保留我的爱思考、有计划。

所以，我很庆幸，有你这个女儿。

我曾经说："没有生养过孩子的女人，一生不够完整。"那个时候，我其实不懂这句话，直到这些年，你陪着我一起长大，我才明白这句话真正的含义。

我养育你，你让我不断改变，我们彼此需要着。

已经开始怀念暑假里你赖在床上，我给你做了早饭又做午饭，留纸条的日子了。我知道这样任由你闲适下去是不对的，但我还是坚持"好女孩，宠不坏"。妈妈和女儿在这种年龄的时候，可能就是这样离不开，又有点距离的状态吧。

又进你房间为熟睡的你掖掖被子，舍不得喊你早起，需要你早起的日子还有很多，能享受就享受吧。妈妈常常不自觉地心疼着你宠着你，却又希望你像在贫穷农村里长大的孩子一样，能够自力更生，吃苦耐劳（看出来我的矛盾都来自一个地方吧）。

第一次听你说"我不想成为你那样的人"的时候，我的心里是高兴的，因为你正在清清楚楚地长成你自己。我的内心却又几乎是崩溃的，第一反应是我做得很失败，有一种你不喜欢我、嫌弃我的感觉。

后来我知道，是我的内心做了错误的翻译。这世上没有一个完美的人，可以受到周围人百分之百的喜欢，包括最亲近的亲人。你只是不认同妈妈的一些行为和思想方式，但百分之百地认同我。就像我常唠叨你收拾房间一样，妈妈还是那么喜欢你这个人，只是不随时收拾整齐的行为，妈妈不认同。

最不嫌弃父母的，永远是孩子。

最想给孩子最好、最多的，永远是父母。

我决定向你学习，尊重他人。因为你只是表达对我的个别不认同，但并不唠叨，同时也不刻意想要改变我。

过去的一年，像是过了两年，我和爸爸真的为你感到骄傲，你做到了好多我们15岁时不曾做到的事情，独立面对陌生的环境变化、结交和选择朋友、独立面对学习和生活琐事，国内留学生一般两年才能完成的过渡衔接，你一年就完成了。

在你的身上，有着你特有的闪亮的品质，你的思想也常常让妈妈惊喜。

感谢你的平静淡然，开朗大方，善良有同情心，充满活力，正直和敢于承担责任和义务，主动积极地为达到自己的目标付出努力。

你返回学校后，很快又会进入加拿大漫长的冬天。以前总说你长大了，现在你去那么远那么冷的地方留学，妈妈心里万分不舍，但也知道这就是你长大的过程，你要体验真实生活的丰富，体验开心与难过、喜悦与痛苦、激情和沮丧、相聚和分离。

又看了一遍去年写给你的信。过去一年你的各种体验和成长超过了我的想象，你越来越有自己独立的思想了。喜欢和你讨论任何问题，关于学习、关于职业、关于朋友、关于恋爱。

人生和生活的道理，从小妈妈给你讲了很多，你听了，经过自己的观察与思考，变成了你自己的。这比你完全按我的道理做人做事更让妈妈高兴。毕竟这是你自己的生活。你的时代和背景、成长经历都和我不一样。

最让我高兴的是，你长成了自己的样子，并且你对此满意。

你独自在外求学，但并不是孤独的。我和爸爸，外公外婆，姑姑奶奶一家，还有舅舅一家都是你的后盾。

十一年级这一年，是申请大学前最完整和重要的一年，有很多学业功课需要你完成。

留学党在外认真念书的日子是单调的，虽然没有国内同学高压的考分应试压力，但好大学各种申请分数以及素质要求，也足够让小留学生们辛苦一下了。

这是你第二次去学校，妈妈会一样地牵挂你，同时也相信你。

一年的时间很快会在你忙碌的学习、实践、与朋友同学玩乐中过去。明年春天的时候，你就满 17 岁了。我和爸爸会来看你。

爱你的妈妈

2015 年 9 月 3 日

关于妈妈的 自我 成长

一、牵挂中放手，并保持对女儿和对自己的信任

2015 年的 1 月份，女儿拿到留学签证，我和她爸爸只能送她到香港机场，然后女儿独自飞行 13 小时去了陌生的国家，到一个陌生的家庭。因为她还未成年，所以需要寄住在当地中学安排的一家本地家庭中生活。

我现在都还记得在香港机场转机候机的那几个小时，我一直拉着女儿的手在偌大的候机厅转了很多圈，女儿边说边哭，我无计可施，只能是默默地听，和她一起流泪。我想要表达我的理解，但我哪里能深深体会一个 15 岁少女只身去一个远隔万里、没有亲人朋友在身边的陌生城市的那种依依不舍和对未来的恐惧不安呢？也不能劝啊，因为我知道是劝不了的，劝只能堵住她，让她强行压抑下去伤心和焦虑，要劝也要等到她自己劝自己。等到要登机的时

候，我感觉自己都快要放弃支持她出国了，实在是忍不下这个心。这个时候女儿擦干眼泪说了一句我现在都记得十分清楚的话："别人都可以在国外读下去，我肯定也可以。"

那一刻，我忍住了自己的眼泪，有点不知所措地拍了拍她的肩膀，拉着随机行李和她一起到安检口，看着她背着红色的电脑书包，过了安检和我们挥手，然后转身走进去。这时，我才开始放声哭泣。后来女儿告诉我，她自己也是一直哭着上飞机，在飞机上哭累了睡着了。

这就是真实的分别，这也是健康的依恋关系，没有说教和责备，只有勇敢、坚强和微笑，分开时难过，但相信可以度过，勇敢向前，努力适应新环境。

这一次出国留学的分离，女儿不仅自己鼓励了自己，也鼓励了我。

二、先聊自己的心声，再说孩子

高中生开始有想要了解父母的意愿，他们开始有了换位思考的能力，有了发展多种人际关系的需求，友谊（也包括学生时代的爱情）是第一位，家庭关系是第二位。他们也想要了解父母的内心和想法是什么。

在此之前的开学信，我一般是先写我对孩子的看见，需要的是细心欣赏的观察，然后写自己，需要的是内省和勇气，"争取让对方理解你"，并不比"先努力去理解别人"更容易。

我曾经在《靠近你》的图书分享活动中给读者签得最多的祝愿就是"愿相互爱彼此懂"。这是一个很美好的愿望，同时我也清楚，无论是亲密关系还是亲子关系，这世界上没有一个人能被另一个人完全理解，有想要去了解的意愿，有彼此懂的瞬间那已经非常好了。

三、和女儿一起经历选择，有一件事情替女儿做了主

养育女儿的过程中，我通常会把属于她自己的某个年龄阶段的事情让她自己做主，比如和谁做朋友，不和谁做朋友，比如穿什么衣服、作业什么时候完成，比如自己的房间什么时候打扫、什么时候起床睡觉、手机怎么管理，等等。

从小我就告诉女儿，做选择意味着权利和自由，同时也意味着责任和担当。所以小学的时候，女儿就知道不要随便做出选择，对做出的选择不要随便。

　　高一刚开学没几个月，女儿说要出国留学，要去加拿大，我听了她的理由分析，答应了之后就马上找机构找学校。不过，在给她选择一所当地的公立学校还是私立学校上面我犹豫纠结了。我偏向于机构的分析，想要选择一所私立学校，女儿自己坚持要去一所公立学校，到后面我们一起讨论的时候，女儿说出了原因：因为那所公立学校里有她最好的同学、朋友，她去了不会孤单，比较有信心可以很快适应。我看着女儿边说边流泪，心就软了。我觉得孩子的心理感受很重要，再好的学校也比不过她的好身体和好状态。

　　于是我确定了公立学校，签了合同，连学费定金都打出去了。但就在那个当晚，我整夜未眠，我总觉得这个如此重要的决定，不能仅仅只考虑女儿当下的情绪，还需要综合考虑学校的环境和女儿的潜力与发展。第二天早上起来我就反悔了，钱还未汇出中国就退回来了，我和女儿表达了我的想法，这一次女儿可能感觉到了我的坚决，沉默地让出了做主的权利。就这样，女儿顺着我的意愿选择去了那所私立学校，幸运的是，她一到那里，很快就和同一个寄宿家庭的江苏女生成了要好的朋友。

2015年1月底女儿出国，3月份我拿到签证去看望她，那个时候她已经基本适应了当地的学习生活，告诉我她念的这所私立高中还不错，来到这里她实地观察发现了私立学校和公立学校的区别，觉得选择私立高中是对的。那个时候女儿这样说，实实在在宽慰到了我。

我也更多地和在加拿大当地居住的朋友、同学们联系起来，才发现其实当时做留学选择的时候，我知道的信息还是太少了。如果之前提前半年给女儿做调查了解，做计划安排，也许女儿会读到综合条件更好的学校，寄住在把她生活照顾得更好、对她学业更有帮助的家庭里吧。

后来很多年我深深意识到自己作为家长在每一个阶段的局限，好在我自己现在能接受这个局限，不再一直懊悔和自责，那样做既不会改变过去，也不会创造未来，只会带来很糟糕的现在。

关于女儿的 自我成长

一、广泛阅读和自我学习

我曾经在女儿初二的时候给她买过一本书，肖恩·柯维的《杰出青少年的 7 个好习惯》，当她上大学后我发现了女儿阅读此书时做的详细笔记，我很惊讶女儿那么认真地读完了全书。记得大约在我 30 岁的时候，我的哥哥推荐了《高效能人士的 7 个习惯》这本书给我，我自己阅读并实践后，感觉对工作、生活非常有帮助，这本书不仅让我找到了处理眼下问题的一些方法，还慢慢改变了我的思维习惯，促进了我良好的人际关系。

《高效能人士的 7 个习惯》作者是肖恩·柯维的父亲，当我发现《杰出青少年的 7 个好习惯》与《高效能人士的 7 个习惯》两本书的核心内容一样，前者的例子和语言方式更贴近青少年的日常生活时，立即买了一本送给女儿。

大约从初二开始，孩子们的行为倾向开始变得各不相同，首要影响因素是他们接受和选择相信的价值观。价值观是推动人们采取行动的原则、信念和准则，关于什么是好、什么是坏，自己向往什么、追求什么、舍弃什么、拥护什么、反对什么等的观念，是思想和态度的总和。

　　正确的价值观是非常重要且必要的。首先，它给迷惘中的青少年指明了方向。在面对诸多诱惑时，总是感到迷惘，正确而稳定的价值观如一盏明灯，能让他们及时从迷惘状态中醒来，明确自己奋斗和前进的方向，自觉能动地进行人生规划和发展。

　　其次，正确的价值观可帮助青少年在坎坷的道路上克服困难。如果他们认可努力的过程是有价值的，认可克服困难本身是有价值的，认可人的一生都是需要自我学习的，认可人需要有自我价值和社会价值，而不只是追求轻松快乐，那他们也许能在前进的路上更容易坚持下去。

　　最后，正确的价值观能帮助青少年在善恶、是非面前做出正确的选择。没有坚定的人生信念做后盾，人会在利益和好奇心驱动下冒险行动，甚至无视道德和法律。比如有的孩子会为了更好的分数选择作弊，可能在他的观念中拿到一个好成绩比诚信更重要。

在《杰出青少年的7个好习惯》里，讲了思维定式对人心理活动和行为的影响，也讲到我们可以重建对自己更有帮助的思维定式。比如积极的心理暗示，"你怎样看世界，你也就得到怎样的世界"，我看见女儿在上面写下了一句自我激励："我一定能考好托福的!"后来她的托福的确考到了100分以上。

书中还讲到了青少年的迷惘，分析了生活以朋友为重心、以物质为重心、以男友（女友）为重心、以学校成绩为重心、以父母为重心、以其他事物为重心、以自我为重心几种类型，我看见女儿在很多句子上画了重点，认同以下观点：

独立比依赖更有吸引力，自信心应当来自我们的内心，而不是我们拥有物质多少；如果我的价值就在于我所拥有的一切，那么，如果我失去了所拥有的，我又是什么呢？对于某些事物具有热情和以它们为重心，是有区别界限的。

生活需要一个稳定的重心，那叫作原则，诚信是一个原则，服务、有爱、努力工作、尊敬、感恩、适度、公正、忠诚、责任心都是原则。

如果你没有花力气去好好学习的话，你不可能欺瞒作假，努力工作是个原则。

女儿在书上自问自答写下了她那时的原则：我的原则是什么？不要伤害他人、不要嫉妒、尽量诚实、不要自私与小气、能笑的时候不要哭。

在媒体发达的今天，随处可见的广告、影视作品、娱乐节目、书籍等产品中垃圾与精华同在，课外娱乐是必需的，但凡家长有条件，一定要给青春期的孩子准备几本和正确人生观、世界观相关的书，是她愿意阅读的风格就好。培养她自己去分辨是非的能力和方法。

二、开始关于人生更长的思考

以终为始，从想要的目标倒过来看，自己需要做什么样的准备，这是女儿的另一个重要习惯。

刚上高一，有一次她告诉我她很欣赏一个校长的发言："高考不是结束，而是开始。"

她开始去构想上大学之后更远的自己，到底想要在哪里上学，哪里发展，哪里生活，她说："快把我送出国念高中吧，再久一点我可能就被国内高考训练同化了。这两个教育体系和制度是有很大区别的。"

去国外念高中这个选择首先是女儿自己提出来的，后来在艰难的时刻，她说她自己给自己鼓励说"自己选的，跪着也要走下去"，尽管没有骑马扬鞭那种意气风发，但我想这也是一种真实的力量。

后来，女儿有了更多调整自己的方法，比如写日记、散步、和朋友聊天、看书阅读、听音乐，她坚信过程从不会辜负自己，她希望自己可以更积极主动地掌控自己的生活，而不是将自己情绪的遥控器交给其他人或者外在事件的发生。她希望自己为自己的生活承担责任，主导生活，而不被生活牵引。

我看见女儿在她阅读的书里把这两句话画上了重点："别到处去抱怨世界欠你们的，世界不欠你们什么，世界可比你们先来","问题不是生活中你遭遇了什么,而是你如何对待它"。

如果孩子要出国念大学,高中开始就在国外念书,更有利。当然前提是孩子的自主独立能力强,还有家长应该多在当地了解更多学校资讯,寻找合适的寄宿家庭。

之所以把这一条写出来,是因为不少家长问,孩子多大年龄送出国留学更合适,他们在身边也看见很多留学生,因为失去了管控,在突然到来的自由和各种诱惑与困难并存的环境中,失去了自我。

每个孩子的个性特质不同,每个家庭的经济文化背景不同,一定不会有一个标准答案。不过,有一个参考答案:评估孩子的心智成长程度,如果父母评估孩子初步有了你认可的正确价值观和人生观,那么家长也许可以考虑送孩子出国的相关事宜。评估一个孩子是否可以去留学,很重要的是看孩子有没有独立的思维习惯,而不只是看孩子有没有独立生活的能力。

有好些年我都沉浸在帮助女儿成长的巨大的自恋中,直到搬家整理她的书架发现了那本书,发现了她的笔记。

如果一定要说我的作用是什么，那就是给了女儿看"闲书"的自由，陪她每周去书摊买她喜欢的杂志，还有在初三那一年给她买了这本书，她真的阅读并加以实践，然后我发现并欣赏了她，时时肯定了她。

写一封信　陪你长大

　　歌里唱"我不想不想长大"，可见长大不总是一件令人愉快的事情。有多少无法言说的痛苦与酸楚，谁长大谁知道啊。曾经"长大了"是一种逐渐有掌控感和自由的喜悦与向往。真的长大后，发现接踵而来的更多是需要自己处理的大小事情和无数未知的体验。

亲爱的女儿：

　　你好。

　　唯恐自己沉浸在"浓浓母爱"中自说自话，下笔滔滔，却又没有重点。

故先拟了提纲，规定了字数，选用了作文纸。

第一部分必须是夸赞和显摆你的成长。这个暑假回来，你出落得更漂亮了，我的朋友和你的朋友都发现了这个事实。

身材修长，气质清亮，大气活泼，体谅他人，会表达自己的主张，也能安静地待着，有朋友约会见面，也享受独处的自由散漫。穿上紫色旗袍的你，有一种清新脱俗的优雅和端庄，一种略带羞怯的含蓄，那双浅紫色的高跟鞋恰到好处地陪衬了你。

去年开学，"无知无畏"的你踏上了整整一年的留学旅程。圣诞长假因为签证问题，你哪儿都没去，我真佩服你在那个小屋子里待了一个长长的假期。

这一年，你埋头苦修，完成了自己的计划，修了4U，结识了更多朋友，获得了老师认可，开始与外国学生交往并为来年的大学申请做准备。

你自己处理和面对学业、人际以及具体生活中的困难。妈妈知道这并不容易，非常骄傲的同时心中也充满怜爱。

小时候，你爱看《动物世界》《昆虫记》，你总是问：

动物妈妈们为何要赶自己的孩子出去觅食？为何要如此狠心呢？

生命有两个意义：生存与延续。

而"依赖"与"独立"，"群居"与"独处"是生命成长中相互交融，又此消彼长的两面。

歌里唱"我不想不想长大"，可见长大不总是一件令人愉快的事情。有多少无法言说的痛苦与酸楚，谁长大谁知道啊。曾经"长大了"是一种逐渐有掌控感和自由的喜悦与向往。真的长大后，发现接踵而来的更多是需要自己处理的大小事情和无数未知的体验。

欢乐与忧伤，相聚与别离。

独自留学在外，加速了与"母体"的分离。

我和你爸时不时成为你"吐槽"的对象，当时我会郁闷一秒钟，但不长记性，只要听到你干净的笑声，就像你为妈妈点了一份"魔芋"，和你默契的一次对视或击掌，所有的郁闷立即就化了……

这可能是家人之间不用言语的亲密感吧。

明天你要返回学校，这又是一年，妈妈多么不舍啊。

先干一杯浓烈的鸡汤："短暂的别离是为了更好的相聚。"
这一年将是为申请大学做各种准备的一年。

　　女儿，我们为目标而去，过程却是最重要的财富。

　　明年，你 18 岁了。

　　愿你中意的大学通知书如期而至，

　　愿你喜欢的王子如约而来，

　　愿你享受这个过程，

　　青春无悔。

　　　　　　　　　　　　　　　　　　　　爱你的妈妈

　　　　　　　　　　　　　　　　　　2016 年 9 月 1 日

关于妈妈的 自我 成长

一、刻意学会"闭嘴"少说，并能接纳这个过程

数了一下，这封信只有约 800 字，可能是我写给女儿为数不多的低于 1000 字的书信之一。

2016 年的 3 月，我飞去加拿大看望放春假的女儿，给她过 17 岁的生日。那是女儿留学第二年，落地多伦多机场的时候，我给女儿打电话："妈妈到了喔！"掩饰不住就要见到女儿的兴奋和激动，女儿平静回答："嗯，等到周末的时候我们会合见面。"之后告诉了我接下来她的计划，我是既失落又有点欣慰。欣慰的是她已经这么适应并且对自己的学习和生活很有安排了。

虽然同在一个城市，但我租住的房间在另一个区域，尽管她上课时我们只是电话联系，但她会安排周末和我逛商场，非常体贴细致地教会我公共出行的一些规则，给我

推荐可以去玩的地方。

她的生日聚会我只是出席，其他完全没我啥事。我记得是在一个中餐馆的包间，她的同学有 10 多个，我被邀请坐在一桌的少男少女中间，女儿很考虑我的感受和脸面，一开场就讲了当年在初中时我和她同学之间的一些小故事来说明：我妈妈特别开明，同时也缓解了现场同学们的尴尬。同学们也就开始聊起来，过了大概 40 分钟，女儿悄悄给我说："我刚给你叫了一辆出租车，送你回我住的房间，我们可能会玩得晚一些，你先回家休息。"我当然知趣地顺势撤退。在回去的路上，我在想，我在女儿这个年纪的时候，如果一个同学家长坐在那里，会是怎样的心理活动，肯定怎么也放不开啊。大人一走，才是真正属于孩子的空间。

我回到家里后，女儿差不多 11 点过也回家了。我清楚记得那一晚我和女儿躺在一张床上聊天，一直聊到凌晨 3 点。

具体内容现在不记得了，但那种暖暖的连接和顺畅谈心的感觉深深地留在了我脑海里。

第二天，女儿上学去了，我写了一首诗。名字叫《落到你的后面，是我的位置》：

4 月了

去年来的时候

到处是很厚的雪，很滑的冰

风刮的是脸

冻得僵硬的是膝盖

但我还是那么得意

陪着你过了 16 岁的生日

给你订了个据说无比新鲜的蛋糕

今年来冰雪化了，阳光多了

松鼠还在跑来跑去，

溪谷里的水流声音听得见了

看见了透明的冰花

看见了湖

有的地方蓝，深蓝，有的地方绿，浅绿

看见了树，树枝，地上的草

他们都说，秋天最美。

可我怎么就觉着，这，已经最美。

我想也没想就买了机票

出发之前告诉自己

想来看你，这是我的需要

毕竟一整年中，生日是特别的

属于妈妈和孩子的

到你的城市了

站在你对面了

突然就发现自己

好多事情做不好

好多事情做不了

好多事情插不上手

好多话准备要好好讲讲

可听你讲

我发现

我要讲的你都知道

你懂的，我未必都明了

终于，我承认

不需要我在前面带路了

我已经落在你的后面

而这，才是我正确的位置

2016 年 4 月 1 日

　　精神分析学派曾奇峰老师有个说法："抚养者越是能够给予孩子高品质的抚养，孩子越有能力和抚养者分离。"换句话说抚养者做得越好，越容易被"抛弃"，越会变得不被孩子需要，这会导致抚养者的分离焦虑。有时抚养者会用各种连自己都不曾觉察的方式，来改变自己被抛弃的宿命，家长与孩子的冲突便产生了。

尽管知道这样励志的理论基础，我依然真真切切地体会了一把母性动物本能的分离焦虑和难堪。

二、继续态度坚定地肯定她的个体独立行为与表达亲子亲密感受依恋可并存

"小时候，你爱看《动物世界》《昆虫记》，你总是问：动物妈妈们为何要赶自己的孩子出去觅食？为何要如此狠心呢？"

"生命有两个意义：生存与延续。"

"而'依赖'与'独立'，'群居'与'独处'是生命成长中相互交融，又此消彼长的两面。"

这几句话是在女儿大学毕业的时候，回忆我每一年写给她的开学信里，她记忆最深刻的句子之一。后来我想正是这样的态度，才使得孩子能够在向外独立发展的时候，少了愧疚和彷徨，多了坚定和勇气。

出国留学在现实空间上让我和女儿产生了分离，心理发展上孩子也的确到了需要独立闯荡的年龄。但这个时候孩子的自我主体确认感还很不稳定，情绪容易受到外界变

化和评价的影响，情绪的波动又会导致自我认知的偏离。

这个阶段，父母稳定坚定的回应，给出空间又留有安全港湾，对孩子经历动荡的青春期是很好的支持。父母的挑战是，你是不是信任她可以去经历和承担，是不是可以容纳出现的错误，怎样向她表达你自己的情感、观点和边界。

我自己的体会是，家长把自己表达清楚就好了，孩子在那个当下理解多少，且去执行多少要看缘分。

三、目标是动力，过程是财富

"女儿，我们为目标而去，过程却是最重要的财富"，其实这是我自己的人生经历。这一年是我成为一名专职独立心理咨询师的第二年，但考取国家二级心理咨询师执业证书已经十年。为了成为一名有专业胜任力的独立心理师，我走过了十几年个人成长和专业受训的旅程，同时我还明白了两点：第一，尽管我在 30 岁出头才学习专业心理学，考取执业资格证，但我与生俱来的天赋特质，曾经接受的知识学习，本科学习的生物学，包括我的职业受训都成为我的基础和资源；第二，尽管我在 40 岁出头才开了自己的工作室，但接近 20 年的职业经理人的职场经历和品质给予我很多帮助。

这也是那一年写信时，我自己最想告诉给准备大学升学考试的女儿的一句话。因为她告诉过我她的目标，我心里暗暗觉得目标太高了吧，会不会太辛苦啊，我之所以没有告诉给女儿，是因为我问了自己很多问题：这是我当下的真实感受，但需要讲给孩子听吗？如果讲，我是想达到什么目的呢？是希望女儿放轻松些吗？还是害怕女儿如果达不到目标会经受不了失败？如果讲了，女儿听到会是什么感受呢？是会更坚定还是会更犹豫呢？是会支持到她的当下，还是增加她的焦虑呢？如果不讲呢？我会怎么样？

当自问自答后，我很快做了一个选择，我选择做一个真正信任孩子能为自己的事情负责任的妈妈，鼓励她朝着自己的方向去努力，过程就是胜利。结果大不了就是目标实现或者目标不实现，我相信她已经具备了可以面对结果的心理调节能力。

关于女儿的 自我成长

一、积极处世，为自己的生活负责

女儿留学的这一年，我有两个时间段和她相处，一是春假我在加拿大的半个月，二是她回到成都的暑假。我发现女儿对自己的个性以及特性更加接纳，也更加大方和开朗，群体活动她能参与，自己独处也很享受充实。另外出国读书的环境更增加了她对中国文化的喜爱和自信，比如我们在准备高三毕业礼服的时候，我提议量身定做一套传统中式旗袍，她欣然接受。我们去精心挑选面料，花时间等待，还专门选了一双同色系浅紫色的半高跟皮鞋来配搭那件旗袍。

女儿穿起来真好看啊，我们是中国女生，在开放向世界学习的同时，更有着属于自己民族历史的含蓄美。我想，这不仅仅是一件礼服，而是一种内在的精神支撑和传承。

在和女儿的交流中，我很高兴听到她对自己的规划，她看待身边发生的事情的观点，以及面对和她不同肤色不同家庭背景不同条件的同学们，她用怎样的心态来建设自己。

我看见了女儿贴在书里的小纸条，其中一张写于2014年的10月21日：

使命宣言如下：

力所能及地帮助他人，

苛求自己，原谅别人，

生气时禁止自己说话以免出口伤人，

起了嫉妒之心要及时消除，

永远不要失去梦想，

不要停止让自己变得更好，学习，任何时候都不晚。

还有一张没有日期，是对自己的积极暗示：

我不会让冲动、考试成绩好坏、其他人对我的恶语评价左右我的情绪！

当然，女儿在长大，可能又会更新她的认知，比如可以接受自己即时的消极情绪，因为人有情绪在所难免，区别在于我们怎么对待这些情绪，是被它一直控制，还是可以管理它，把情绪作为一种资源利用起来，而不是和情绪战斗。

在她刚上高一的时候，能先学会隔离和控制情绪就已经足够好了。

女儿通过一些最基本的日常用语来建设自己积极主动的处世心态。读者也可以对照看看自己常用的是左边还是右边的语言。

被动反应的语言	主动负责的语言
我做过了，不行	我可以再去改变一下
我一向是这样做的	我可以做得更好
对此我无能为力	让我们看看都有哪些可能的办法
我只能	我选择
我不能	总会找到办法
你搅乱了我一天的心情	我不会让你的坏心情影响我

二、学会协作

一般来说，孩子上了初二之后，就容易出现人际交往的问题，那是因为在这个阶段主体自我意识增强，同时对同伴友谊的情感需求也增加了。青春期的友谊在交流方式与内容上都发生了变化，从小学阶段以打闹玩耍为中心转向以谈话为中心，便捷私密又减少见面社交尴尬的网络成为很多孩子的首选。

网络世界边界模糊且具备隐藏性，加上它的虚拟性特征，很容易冲淡孩子们的现实感和处理现实问题的能力，互联网上流行的重视外表和物质攀比、宣扬轻松成名等观点冲击着青少年正在整合形成的三观。

"你强我就弱"的竞争意识代替了以往"帮助别人共同协作的双赢"的观念，青少年在这样的学校和社会环境中，如何看待父母、老师、同学间各种不同的观点和做法，如何看待自己和他人的差异变得尤为重要。外部世界会影响他们的情绪和行为，影响他们性格养成，影响他们的学业和人际关系。

人有从众心理，会无意识和主流价值观保持一致，以此来减少特立独行的压力。青春期的孩子也有喜欢"小团体"的需要，因为他们需要发展个性，同时找到和自己爱好兴趣三观比较一致的朋友，来抵挡孤独感。

同时，青春期孩子也会经历更多需要和不同的人相处协作的时候，这也正是为将来步入社会做训练打基础的机会。

孩子如果喜欢体育，最好能培养一种集体比赛项目的爱好，不一定参加，即便是在观看的过程中，也要有意识地引导孩子去观察，让孩子明白合作协作的能量大过单个英雄。

孩子如果喜欢音乐，也尽量让孩子理解，乐队的每位成员都要发挥自己的长处，才能创造出比单独一人更好的效果，没有一种乐器比另一种乐器更重要，不同却和谐才是合奏乐曲的美妙所在。

差异形成了生活中的挑战，这些挑战为发现打开了大门。如果你认为差异是优势，而不是致命的问题或是无法避免的冲突，你就可能从争输赢的 $1+1=0.5$ 或者负数，到合作的 $1+1=2$，再到更多的协作增效的 $1+1=3$。

具体的方法是什么呢？我在女儿的本子上发现了她曾经用过的五步法：

实现协作增效的行动计划

1. 明确问题和机遇所在

2. 努力去理解和了解他人的方法是什么

3. 争取让别人了解我的方法是什么

4. 集体自由讨论：各自对不同人的好处，可以妥协和必须坚持的，可以利用的资源

5. 形成新方案和新想法

女儿进入高中后，我很少有机会看见她和别人相处的场景和细节，我不清楚她具体是怎么去运用的，不过，从她的人缘以及同学们对她的评价、她做事情的效率来看，我知道她运用的效果还不错。

三、意志力和抑制力的自我建设

青春期的孩子需要发展的思维习惯，最重要的基础，第一是要把生活的主动权拿到自己的手里。没有这个主动权，意志力和抑制力都无从谈起，因为这两种能力都来自自己，而不是他人。意志力是指自己敢于对最重要的事情说"是"，抑制力是指自己能对不太重要的事情和同伴的压力说"不"。

在一个以权威人物决定对错和规则，而非重点发展个性和合作的大环境中，大部分孩子形成了习惯性无助，"生活就是这样，只能这样了。我有什么办法？"幸运的是，女儿的初中班主任是一位重视个性也重视集体纪律、爱护孩子也要求孩子、鼓励孩子也有原则的好老师，幸运的是，孩子自己也从很多书籍中找到了更多的支持。

"不要去抱怨这个世界，世界不欠你什么，你要知道，世界可比你先来。"马克·吐温的这句话我也是从女儿读过的书中读到的。

孩子在小学阶段，管控自己，认知自己的能力还很弱，主要还是靠规则和外在约束来帮助管理。上初中后的孩子，发展自我管控力的生物性基础（脑区对应神经组织的发育）已经具备，如果家长和老师在这个时候有意识有方法地培养孩子，那将事半功倍。

　　有没有具体的方法可以自己训练自己呢？我发现女儿有一个管理自己时间的方法。

时间四象限图

　　她学会用时间四象限表来区分哪些事情可以说"是"，哪些需要说"不"，哪些需要减少，哪些可以增多。第一象限重要又紧急的要减少，如提前一天复习要变成提前一周复习，让自己更从容；第二象限的可以增多；拒绝第三象限的事情，对不重要的事情说"不"；减少第四象限的懒散活动，是减少，不是不做，因为我们也需要这样的时间来休养放松。

她在一个练习里写着自我反思：我最浪费时间的地方是上网。解决方案是："以后麻烦等绿灯亮了再看手机。"我估计她这里写的"绿灯"是她自己买的定时器或者手机闹钟。

当然啦，意志力和抑制力的训练和培养，是整个青春期，夸张些说可能是人一生都需要训练的能力。如果在青春期时打的基础好一些，成人后受益就会多很多，会更有效率，有更轻松的人际关系和更自由的时间。

像成人一样去经历和找寻

> 看着你一年年地长大，妈妈是
> 一边失落，一边骄傲，一边喜
> 悦……

亲爱的女儿：

你好。

觉得刚刚还在盼你暑假回来，转眼就开学了。

这一次是大学新生入学，是你中意的大学，有你已经熟悉了的朋友和同学。

还是那个要飞行 20 来个小时，才能到达的城市。

你说你喜欢这个大学的学术氛围，喜欢它悠久的历史。你说你选择了学商，就适合在这样一座经济中心城市，而且一所古老的大学就在繁华都市的中心，这是一种奇妙的感觉。你说你喜欢这个城市的中立和温和的人文态度，喜欢天气冷。你说出国两年半的高中留学生活，最大的进步是自己的事情自己操心自己做，很累很辛苦，但回头看也很有成就感。

今年你生日的初春，我没有像前两年一样来看你。你说："秋天来吧。开学的时候，可以看看枫叶。"

我也很愿意，借此机会陪你飞行一段旅程，陪你把行李拿到大学新的宿舍。其实也帮不到什么忙了，力所能及的事情你都会要求自己做。

如果是在国内，去年你就是高三学生，我却没有一点高三家长的样子。选课、学习、申请大学、拿到4所大学的通知书、拿到奖学金、选择大学、注册、提前预订宿舍、缴学费、入新生群、选大学的课，完全都是你一人操心操办。

看着你一年年地长大，妈妈是一边失落，一边骄傲，一边喜悦……

记得去年春天来看你的时候。我写了一首诗《落后，才是我的位置》。今年妈妈看着你的步子越迈越有劲，觉得你什么都特别好，让妈妈特别满意。就算被你一脸嫌弃，我也发自内心地觉得是"厌母期"总会有一段时间的，然后，又沦陷在你一声声清脆的呼唤中。

这个高中毕业的暑假，你很忙碌，我发现了你的弹性和韧劲儿。暑假里你实习，上咖啡课，做义工，也结伴出去游玩。张弛有度，讲究效率，讲究交友的"营养性"。

你爱交朋友，爱帮忙，会聊天，同时你心里也知道自己是谁，自己有什么，自己在哪儿，要去哪儿，怎么去。这些都特别难能可贵。

原本想趁这个你已成年的暑假，制造"挑灯夜谈"的机会，好好和你说一些"母女私房话"，为此我甚至暗暗准备了提纲。

结果完全没按我预想的节奏来发展，却给了我莫大的欣慰和惊喜。我们的谈话基本发生在接送你的车内，取快递去商店超市的路上，自然而开放，你说我听，我问你说，一起讨论……

你不仅比我想要告诉你的知道得更多，也明白更重要的是你有自己的态度和坚持，既不盲从，也不回避。

这是一个发展"亲密关系"的好年华，如果有机会，妈妈也鼓励你去经历和找寻。我一直觉得过程比结果重要。

国外的大学毕业比申请更难，特别是名校的好专业，课业重，要求严。大学还是成长和交友发展的重要时期，会有很多崭新的生活体验，是丰富的又是非常辛苦的，是自由的又是有很多压力的。

这一年，祝福女儿学习顺利，逢考必过；交友好运，心想愿成；睡眠安稳，天天安睡。

这一年，健健康康，平平安安。

爱你的妈妈

2017 年 8 月 31 日

关于妈妈的 自我成长

一、做好我自己，站在后面做靠山，为女儿的每一个进步和成就欢欣鼓舞

四川有句俗语："懒妈养勤快娃儿。"当我听到女儿说"我妈也不会啊，只有我自己做"时，我有一种发自内心的骄傲自豪。

我清晰记得 2017 年 3 月初春，我在攀枝花出差，是去一个很大的企业讲课，山路上手机信号不好，接到女儿的越洋电话，非常激动地告诉我她收到了目标大学的录取通知书，并且询问我是去这个在加拿大排名第一的学校，还是去另外一所之前收到的排名稍微靠后的学校。那所学校也不错，而且校园环境更美，气候更好，给女儿的奖学金也高出不少。我其实一点主意都没有，就像是一个乡下孩子突然到了城里的蛋糕店，店里小姐姐问他"你想要哪一

块蛋糕"，在他眼里，每一块蛋糕都让人垂涎欲滴。

2017年1月份，女儿陆续收到两所大学的录取通知书，我看她的反应都不怎么强烈。女儿说那都是申请计划里垫底的，大概率自己不会去读。直到收到那所校园环境优美的学校的通知书，女儿非常高兴地用微信告诉我，那所学校为了表示对她的欣赏，还给了她奖学金。我猜最让女儿开心的不是奖学金金额，而是学校对她的特别认可吧。

我这个基本没有海外留学资源的妈妈，除了问女儿"天气冷不冷？交通方便吗？学校的专业对口喜欢吗？"之类的问题，给孩子提不出什么有价值的建议。当女儿进入大学以后，遇到女儿吐槽或者抱怨时，我最开始有些自责，觉得我没帮女儿把好关，没有给她更好的建议和选择。但是当我说"如果太难了，就选一个容易点的吧"，女儿就会坚定地说我："我最不喜欢你这种态度了。"我就发现孩子这个时候最想得到的是理解和肯定，而不是妈妈给一个"转弯"和"往后撤"的建议，建议本身就代表着对以前选择的否定，是对当下她的能力和信心的不确定，是弱化了她自我生长的力量，她最需要的是带肯定的安慰和鼓舞啊。想想也真是有意思，当我作为咨询师的时候，我的反应非常在线，如果我的对面是一位学生来访，她常常会收到我发自内心的恰当的肯定和鼓舞。但当我作为一位母亲的时候，反应就会不在线，发挥时常不稳定。

妈妈们看到这里，发现原来训练有素的心理师当妈妈的时候也是难免"出错"，自己的焦虑会不会有些缓解？发生这样的"失误"之后，我是这样安慰自己的：我不是一个可以做100分的妈妈，我做足够好的及格妈妈就好了，况且我现在比及格妈妈要高出好多分呢。

如此宽容自己的话语，会不会让我自己懒下来，停止成长上进的脚步呢？我诚实地告诉大家：不仅不会，反而让我愿意去做更多改变。

二、和孩子正面再讲一讲"性教育"

尽管女儿高一就出国念书，但依然是居住在寄宿家庭里的，上大学之后，孩子完全实现了居住自由，而且是住单间宿舍。我这个当妈的，就难免还是有些放不下。我一直在构思如何与她开展关于此的对话，在什么样的场景下，从哪里切入，核心讲哪几点，想问她什么问题，她万一不回答我怎么办。儿时的我对于两性关系的认识几乎是空白的，如果不是自己这些年自修心理学和性教育知识，我估计自己是万万想不到女儿需要这方面的教育的，更不要说还要自己整理相关知识，表情自然地去给女儿讲。

坦白讲，这挺考验我的，并且在那个可以放飞自由的高三暑假，她能待在家里的时间，愿意安静听妈妈讲话的时间实在是不多。但如此重要的话题，我认为需要找到合适的机会。

后来我们正式地聊了两次，其实从她初二开始，我就给她进行青春期性教育的基础建设，我讲述"性"的美好、"性"的隐私性、"性"的"yes"和"no"原则，更强调性的发生"三原则"：有爱，双方自愿原则，心理和身体可承受。

这一次我们更多地聊到了当地"性开放"的亚文化对她的影响，她自己的原则现在是什么，她怎么区别侵犯和热情，哪些措施可以保护到自己……

这个时候的女儿已经年满 18 岁了，有了成年人的权利，也需要为自己的行为负全责了。希望女儿能够接纳自己的青春激情，承认性吸引和好奇的诱惑，能够有给自己赋能的意识、勇气以及具体的方法。

有一位妈妈给女儿说的话，让我印象深刻，她说："就算你遇到了有关性方面的伤害，就算你意外怀孕了，我也希望，除了你自己，我是最快知道的那一个人。妈妈这里是全然安全的，我会帮助你，更不会因为发生了这样的事情减少对你的爱。"

我试着去体会了一下，如果我是那个女儿，我的心理活动和行为会怎样，我会因此而放纵自己吗？肯定不会，我会更加自律，因为这个我是如此宝贵，被人无条件珍爱着。

三、要不要给青春期孩子表扬和肯定？

很多家长说 4 岁的娃娃最乖，是啊，想象力丰富、破坏力还不够，又很愿意取悦大人，怎么看怎么乖。

孩子 4 岁后为何家长觉得恼火了呢？因为孩子的自我意识增强、体能增强，进入第一个行为叛逆期。随着孩子一天天长大，大人们对孩子的期待、要求可能会超过孩子成长的水平。比如现在的各种兴趣班，超出孩子年龄的心理素质要求，这导致孩子越长大，做不到做不好的事情会越多。如果家长按照刻板的教育型思维去教孩子，孩子的心理健康水平会受到负相关影响，出现心理防御模式，变得拖拉不主动（被动反抗），背地里做你不允许做的事情（报复），脾气暴躁易怒（发泄），装作没听见（回避），而这些表现有可能再次激怒家长。

家长的教育型思维和心理学思维有什么不同呢？可以用一段我写的咨询工作手记来说明一下：

父母的焦虑、信心、喜悦都会传递给孩子（藏不住的，孩子会感受到）。来到咨询室的家长们如果愿意去尝试改变自己的内在信念，言行自然会被孩子感受到。但讲真话，对于一直习惯了教育型思维的家长，要改变是挺难的。

教育型思维是"一直看着你的问题，鞭策你，让你焦虑，让你发自内心紧张"，心理学思维是"一直看着你的天赋和成就，鼓舞你，让你发自内心放松而专注"。

从青春早期开始（9—12岁）经历青春中期（12—15岁），再到后期（15—18岁），家长还要不要给孩子基于事实基础的表扬和肯定呢？

答案是肯定的。

曾经有这样一个有趣的心理学实验：让32名15—17岁的青少年分别来回忆母亲、好朋友或者不熟悉的朋友对自己的评价。结果发现，母亲和好朋友的评价比不熟悉的朋友的评价，让青少年记忆更牢固。

现在大数据调查显示青少年的抑郁症比例日渐上升，其实抑郁症的核心心理障碍就是"自我评价低"。

可以说，青春期孩子比在学龄前和小学阶段更需要父母的正面评价。为何呢？因为这个时期孩子的自我概念正在形成，简单来说就是关于我自己好不好，行不行，好不好看，有没有人会喜欢，有没有能力做改变，等等。这个自我概念如果比较稳定比较正面，它可以提升青少年的人际交往和学习的积极情绪和效能，并且能让青少年在面临重要任务、巨大困难时，做出正确一致的有意义的行动。这个自我概念也就是我在《靠近你》那本书中提到的孩子心理健康发展的第一营养：存在感。

自我评价对自我概念起到决定性因素，在青春期的孩子的自我评价很容易忽高忽低。一是他们的辩证性思维还没形成，很容易一边倒。成功时觉得自己无所不能，失败时觉得自己一败涂地，全完了。朋友断交，会觉得全世界都不值得信任。失恋了，就再也不相信会遇见真正的爱情了。当然这也和整个社会媒体环境传递的相对单一和不好则坏的两极评价体系有关。我在学校给小学高段、初中学生讲课和他们展开讨论时，好多学生就明确说成功的标准就是"分数高，考好大学，找好工作，挣钱多，轻松"。

所以，尽管青春期的孩子不会像小时候那样主动找妈妈，而是会和家长拉开距离，但是家长依然需要更多地表扬和肯定孩子，看见他们做到的事情，给予及时认真的肯定。

关于女儿的 自我 成长

一、她说自己是"另类学霸"

我现在回想，女儿从小并没有表现得特别智力超群，她是那种可可爱爱充满灵气有想法爱思考的姑娘。从小学到高中毕业，除了钢琴、美术、舞蹈、诗歌、日语课，她没有上过任何"课外辅导班"，我记得她在小学六年级时，为了升学，我临时抱佛脚曾逼着她去试了两堂"奥数课"，后来因为她坚决反对，上了一次后，我就妥协放弃了。

在国内时，女儿曾暗暗羡慕过北大清华的校园，在她才小学一年级时我们带她去过，后来我看她初中时交的网友有北大的学长，高中时还收到了网友寄来的北大笔记本，激励着她。女儿说，她从小没有经受奥数和其他严苛的学习训练，又不属于天赋异禀的学习天才，在国内考北大清华是考不上的了。这一年高中毕业，她靠自己的实力和努力，拿到了所有申请学校的录取通知书，最后她选了加拿大综合排名第一、校园文化悠久的大学。后来我知道她在高三就给自己立下了这个明确的目标，她也算是实现了自己的梦想。

心理学专门研究了非智力因素对孩子成就的影响，一个孩子做成事情不仅要依赖智力因素，在很大程度上还要依赖非智力因素。

非智力因素是指智力因素以外，那些对人的智力活动有影响的心理因素，如人的动机、兴趣、情感、意志和性格等。能把事情做成功的人在智力上并没有明显的差别，大多数成功人士具有强烈的成功动机、广泛而集中的兴趣爱好、百折不挠的顽强意志、健康积极的情感以及良好而独特的性格等。

美国心理学家特尔曼进行了十年的跟踪研究，通过对150名最有成就者和150名最不成功者分析比较发现：两组人员的智力并无太大差异，同时发现，一个人成就的取得，智力因素的作用仅占25%，而非智力因素则占了75%。

非智力因素对智力活动具有导向和调控作用，家长常说的孩子有没有"内驱力""意义感"就属于影响智力活动积极效能的因素。

家长怎么做能提高非智力因素对孩子的正向影响呢?

首先,重视孩子的情感、意志、性格、内在动力(也就是在《靠近你》一书中写到的"掌控感")等非智力因素的发展;

其次,培养孩子广泛的兴趣,让孩子课余时间多看闲书,多参加一些有意义的社会活动,引导孩子讨论,培养孩子积极的人生观价值观;

再次,常常积极肯定孩子,多看孩子做到的事情,对孩子没有做到或者尝试但做错的事情态度上给予充分的接纳和包容,后果上给予相应的归责,让孩子承担后果责任。

二、暑假的社会实践

从女儿初二开始,她的每一个暑假都安排计划得比较充实。有旅游,有埋头苦学托福培训,有打工实践(去过餐馆,卖过杂志),有呼朋唤友的聚会,有突然想起的兴趣学习班(比如吉他)……

我支持她这样做，很高兴她把这养成一种习惯。

第一呢，她在长长的暑假过得很充实，参与现实活动，不会一直在网络世界里抵抗无聊。觉得自己有用、有价值是非常重要的存在感，对青春期的孩子来说，这比"什么什么我比别人好，什么分数我考得比别人好"的优越感重要多了。青春期的自信心很容易被外在事件左右，存在感能帮助孩子建立更加稳定的自我评价。

第二呢，她在社会活动中认识了很多新朋友，学到了很多有用的独立社会生活的能力。这个暑假她争取到去四川省侨办的一个大型活动"百名欧洲少年游四川"的前期准备和接待工作；她学会了用传真机，学会了如何短时间内完成大量的文字翻译工作，如何做宣传册，如何给大使馆打电话，认识了不同国家的青少年，去了四川好几个旅游地，还与翻译和活动导游成了朋友。

我想，这些活动都实实在在帮助了女儿吧。

三、磨刀不误砍柴工

有好些家长说，自己的孩子没上小学前，还是比较淡定的。一上小学孩子很容易被卷入学习比拼的滚滚洪流，而且很难抽身。

有很多教育工作者也开始反思当前的教育现状，特别是大学校长和高校心理学教授，向中小学老师们喊话："大学不是学习的尽头，大学是真正的自我学习的开始。不要把孩子们对学习的天生好奇和创造力都磨光了，不要让孩子的心智发展严重滞后于他们的智力发展，大学不是幸福快乐生活的保险箱，学习的独立探索乐趣才刚开始。"

应试教育，追逐名校升学率，导致中学生长期处于超限度的过度学习状态。根据 2002 年的一项对中小学生学习情况的调查，小学高年级中具有过度学习体验的学生比例为13%，初一为27%，初二为47%。就在成绩理想的初二学生中也有高达23%的学生对学习持厌倦感。在"双减"之前，相关调研显示这个比例在过去将近 20 年又飙升了不少。

长期处于过度学习状态的孩子会出现怎样的反应呢？他们将难以体会到学习的兴趣，甚至会丧失对获取知识的兴趣和愿望，就是家长们常提到的"学习没动力，不主动，怕困难，不能持久，管不住自己，对什么都没有兴趣"，如果不及时干预调整，这样的反应持续下去，会对孩子今后的学习生活带来严重的负面影响。

家长不要过度强调"努力，多付出努力肯定能有收获，要比别人付出更多努力"，孩子需要知道你也赞成"努力很重要，但仅靠努力是不够的"。

孩子需要感受到，你也在关注他的心理状况，关注他是否承受了过大的学习压力。如果发现孩子有明显的焦虑、紧张、抑郁等情绪，并持续一段时间无法自我调节，需要让孩子及时寻求学校心理老师以及专业心理咨询机构的帮助。

孩子需要家长帮助创设一些条件，增加他们在各类学习和社会活动中的成功体验，鼓励他们建立适当的目标和任务，而不是陷入"我们对你没要求"或者"你要变得更好更优秀"这两个极端。

孩子需要培养一些适合自己的学习方法和诀窍，除了家长的鼓励，孩子还需要去学习一些更高效更有用的方法，提升学习效能。这样不仅可以增加孩子的自信心，还可以给孩子更多的自由时间去做他自己感兴趣的学习之外的活动。

　　随着家长们的自我学习和成长、更懂得孩子的心理发展规律和学习的关系，相信越来越多的孩子能学会吃学习的苦，也会享受学习带来的成就感和自由度。

保有单纯　不要单一

请同时记得脆弱和坚强一样宝贵，忧伤烦乱是被允许的，伤心难过是难免的。生而为人，可以单纯，但无法单一。

亲爱的女儿：

你好。

"身材修长，秀气甜美，单纯可爱，待人随和。有主见，爱思考，有独立自主学习和生活的能力，热情又能自律；知道自己要什么不要什么，为自己的选择负责任，能行动，有远见还落落大方……"这些不仅是周围朋友对你的认可赞许，也是我非常喜欢你的地方。

我一直说，你在成长路上，总给我惊喜。

你长大了，妈妈能给你的东西就越来越少了，也许还会变得不顺眼了。

从 7 月份开始构思，却在 8 月曾闪过要不今年就不写开学信的念头。毕竟，今年暑假，我比之前更多体会了"被厌"的左右不是、愤怒和尴尬。

不过每个女孩长大，谁还没经历过这样一段"厌母"期呢？30 年前，我也一样。

当然，我和你的年龄差 27 岁，我们有太多不一样。好在有一个词叫"尊重"，我们还能在不爽之后，珍惜和保护这些差异，与保护那些彼此认可一致的想法一样，是它们让我和你成为独立个体，同时又紧密相连。

我承认，我是个敏感的人。矛盾纠结的事几乎每天都有。同时，我也相信，这是大部分人生活中每天都真实发生着的，并不丢人。

重要的是，人总要做出选择，然后去行动。

既然从 12 年前写第一封开学信时，就想好这是写给你，同时也是写给我自己的。

那就坚持初心，继续写。

好在开始正视自己特点的我，正在利用这些天赋特质帮助自己，也帮助他人。我相信你也可以助人助己，你有比我更多的天赋特质。

从学习心理学开始，我就清楚知道我是做不了你的心理咨询师的，在你面前，我就是一个普通的妈妈，碰巧职业是心理咨询师而已。

和天下所有的妈妈一样，我喜欢看见你快乐愉悦，轻松幸福。同时，我也想告诉你：请同时记得脆弱和坚强一样宝贵，忧伤烦乱是被允许的，伤心难过是难免的。生而为人，可以单纯，但无法单一。

请同时记得：没有谁有义务对我们好，应该对我们好，包括父母、恋人和朋友。所以珍惜、感恩。

请同时记得：你没有责任去取悦谁，必须取悦谁。除非你自己愿意，自己选择这样做，所以量力而行。

祝贺你通过了有高强度压力的大学一年级，在接下来的日子里：

愿你常能吃上饭吃好饭，睡足觉睡好觉，照顾好自己的身体；

愿你常有人可倾诉可温暖可指引，独处时也能照顾好自己的心；

愿你所修科目都顺利完成，照顾好你心中的目标和理想。

你是一个不愿意为难别人的孩子，也别太为难自己。

祝安！

爱你的妈妈

2018 年 8 月 19 日

关于妈妈的 自我成长

一、觉察和承认

这一年女儿念大学二年级，满 19 岁了。我和她的见面沟通主要集中在圣诞节的三周假期以及两个月暑假她回国的时候。可能是在学校学业重压力大，一放假她正好彻底放松。我记得那一年女儿回来的时间里，她要么是在家睡觉打游戏，要么是天天往外跑约见高中同学、初中同学，还有从全国各地飞来成都的大学同学。那个时候我们的房子从三环搬到了更远的地方，这让她常抱怨要提前两个小时出门才行。

女儿晚上玩到凌晨才回来是常有的事情，有时回来天都亮了。家里的老人希望我管一管，我怎么回答呢？要说"好的，我来管"，但我知道我管不了，也管不住，从小就用"民主自制"理念养大的娃，她已经 19 岁了，还想用道理、亲情、道德等绑架她，都是没有用的。她需要遵守的是自己的原则、社会规则和法律，作为家长我只能赋予她能量，但没法捆住她的手脚。再说，好多事情自己不经历，别人怎么说也是不可能往心里去的，反而让大家的关系变得紧张和糟糕。

我也不可能完全不管，听之任之。尽管我知道控制不了她，但我可以做的事情是觉察和承认。我会记得晚上睡觉前给女儿留言留门留灯，早上一起来就去看她的卧室，看她睡在床上我一颗心就安放下来，如果还没回来，我就会开始担心。当女儿的行为超过了我的底线和边界的时候，我能觉察自己的担忧和愤怒，坦然承认和面对自己的情绪，我尽可能把自己的情绪背后的诉求想清楚，然后去和女儿表达。我最大的愿望是她平安健康，她已经长大成人，最需要的是自己掌握一些知识和技能，懂得爱护自己。生活和学习一样，靠的是自己的自觉性，别人不可能替代她，后果也属于她自己。

二、角色和位置

女儿 19 岁，大二学生。我是她的妈妈，从她还是个婴儿时，我们的母女关系从未改变，但随着孩子长大，小学生、中学生、留学生……孩子的角色在改变，我这个妈妈的角色呢？有没有需要改变的呢？女儿思想独立，要求自我发展的空间和自由，人格在独立和成熟之中，经济完全还不独立，我这个妈妈的角色位置在哪里合适？

我在猜 19 岁的女儿放假回中国，不是为了回来陪妈妈，因为这种需要一般出现在 50 岁之后，她是回来会她的朋友，回来自己的城市和家里放松的。

那一年我自己做独立心理咨询师 4 年了，业务工作成熟，朋友家庭生活平衡，女儿一回来，我的"老母鸡"心态就会复发一些，孩子在自己眼皮底下，总还是忍不住"母爱泛滥"，做好早饭留下字条，晚上等她回来，希望看着她在家里，时不时聊会天，等等。

从心理学上讲，女孩对母亲会有一段"厌母期"，这个时期可能从小学高段开始，频率和程度逐渐增加，一直到她从精神上脱离母体，真正独立。

最早的婴儿时期，孩子需要理解整合随时满足她的"好妈妈"和要教育管制她的"坏妈妈"，都是同一个妈妈。妈妈怎样的反应能帮助到孩子整合呢？当婴幼儿哭闹攻击妈妈时，最好的态度"温和而坚定"，而不是和孩子对抗。

在孩子青春期，孩子也需要整合自己。想要靠近妈妈和我想要逃离妈妈；我喜欢妈妈但有的时候我又特别讨厌妈妈，妈妈怎么能帮助到孩子整合自己呢？同样是"温和而坚定"。

如果孩子整合不好，会出现什么样的情况呢？孩子可能会出现心智发展的不健全，内心矛盾纠结，想要讨好取悦他人，或是脾气暴躁，希望自己完美，但自我效能差，难以胜任工作和学习中的困难和挑战。

心理咨询师是我的职业角色，在女儿面前我就是一个母亲的角色。值得高兴的事情是，我的职业角色中的知识帮助了我，让我可以觉察和承认自己的位置、自己的情绪情感，平稳熬过女儿的"厌母期"。

三、持续稳定输出温暖的"看见"

分清楚什么是自己的需要，不把自己的需要强加给孩子，这已经让我轻松很多。毕竟，控制自己还是要比控制别人容易轻松。那我只是"忍让"，还是也可以表达呢？

表达是我的需要也是我的权利，听不听、听多少是女儿的选择。当然，在何时表达、哪些内容如何表达，是我需要在尊重自己、尊重对方的前提下进行选择的。

在信的末尾，我表达了三个愿望，有一个是属于慈母自己的，"愿你常能吃上饭吃好饭，睡足觉睡好觉，照顾好自己的身体"；有一个是属于知心朋友的，"愿你常有人可倾诉可温暖可指引，独处时也能照顾好自己的心"；另一个是属于她自己的，"愿你所修科目都顺利完成，照顾好你心中的目标和理想"。

我看她进入大学，希望她学业优秀又希望她参加社团交很多朋友，我更忍不住心疼她。所以告诉她：别太为难自己。

关于女儿 自我成长

　　"情绪智力"是我特别想要在这里提到的一个词语，在女儿的成长过程中，可能是我自己的职业习惯，对"情绪智力"的培养非常重视，再加上女儿比较配合，所以，她一直比较容易交到朋友，她也很重视友情，去大学前，她和我聊天时还调侃："学长们说在大学里，三件事情只能选做两件，一是学习，二是睡觉，三是交友。那我就只有不睡觉了。"

　　从年龄上来说，大学生已经是完全民事行为责任人，也就是完全能为自己的行为负责的成年人了。不过，最近十年国内大学生的心理健康水平数据报告让人担忧，数据显示很多大学生成年了，但远没有成人。因为心理障碍导致大学学业念不完中途退学的学生增多。我的工作中也会接触到这样退学的大学生，有国内的，也有从国外回来的留学生。

在中学阶段，学生接受的教育主要是学科类知识传授和应试能力培训，有一个在青少年时期非常重要的能力却被完全忽略，那就是情绪智力。

什么是情绪智力呢？简单说就是一个人管理情绪的能力，包括觉察识别、表达和调整情绪的能力，这其中既包括对自己的情绪的觉察和管理，这也就是平常说的控制自己情绪的能力，也包括识别别人的情绪的能力，就是平常说的共情力。

举个例子：学生甲乐于分享自己的喜悦，善于倾听朋友的心事，能给予其恰当安慰，被大家视为不折不扣的好伙伴，即使遇到什么困难、挫折，他也能想得开，沉着应对，努力克服。同学乙，平时学习成绩优秀，在集体生活中只图自己方便，不考虑他人的感受，不在意他人的利益，开玩笑不分场合，还说自己就是这么直率，有时直接戳人短处，有时会毫无理由乱发脾气……

这样的两个同学，你觉得谁的情绪智力比较高？将来在社会上，谁会过得自在舒服些？谁会得到更多帮助？

有共情力的人，才能识别和感知他人情绪，能考虑他人的感受，让人安心和愿意信任，到哪里都更容易得到帮助和喜爱，了解哪种场景下自己说什么做什么更加合适。能管控自我情绪的人，能保持稳定的情绪，有效巧妙化解矛盾，才不会让"情绪"冲昏了大脑，做出事后非常后悔害人害己的事情。

有情绪智力的人，通常这两种能力都是高分。那情绪智力怎样才能培养起来呢？

第一，情绪智力在青春期发展突飞猛进，但青春期并非培养情绪智力的最好开始时期，最好的开始时期是什么时候呢？是2—3岁幼儿时期，是她刚开始有主体意识的时候。心理学研究发现，人的心智发展首先是情绪能力，然后才是认知能力。

第二，重要养育人也就是家长和老师们，在重视孩子发展智力和长身体的同时，也要注意培养孩子的情绪智力，在"优秀"的标准中，加入情绪能力的标准。

第三，具体怎么做呢？现在有很多书籍和课程都是关于情绪管理的，有给孩子看的情绪绘本，有情绪卡片游戏，也有告诉家长如何帮助孩子识别自己的情绪，接纳自己的情绪，并管理自己的情绪的书籍。家长需要改变以前对"好情绪""坏情绪"的认识，自己重新学习除了控制和压抑情绪之外的一些方法，比如书写、画画、做手工、唱歌、运动、游玩等方式，既可以允许自己有各种情绪，释放情绪，又引导孩子清晰地说出自己的感受。

第四，安排多的机会让孩子与同龄人一起学习、玩耍，鼓励分享情感。也可以通过假设提问或者角色扮演来体会对方的感受，并教会孩子一些控制自己的情绪的方法，让孩子自己承担相应后果。

最后，也是重要且困难的，就是家长需要以身作则，家庭中情绪可以表达并得到安全回应，而不是僵化地只要开心，不开心就冷战或热战。家长示范不要回避所谓"负面情绪"，情绪智力的发展需要"负面情绪"，那是我们学习的机会。学会感知自己的情绪来源，恰当地管理自己的情绪，内外一致完整地表达情绪，尝试去了解和接纳孩子的情绪，才能营造出安全、相互尊重的家庭氛围，同时有利于孩子和家长的情绪智力的自我赋能。

我记得女儿大一刚开学几个月，经历了第一次数学期中考试失败，她在给我的电话里哭："妈妈，我的数学考崩了，只有 60 多分。拿到分数我在教室里大哭不止，这个分数实在是太难以接受了，从来没有想过我会考这个分。大学四年的分数是连续的，我以后怎么办?"我听到的时候，第一个反应是感同身受地难过，这孩子一路成绩排名靠前，并考进自己理想的大学，对自己是有要求的，这个分数的确对当时的她打击太大了。同时我也很心疼她，因为我知道那所大学大一的淘汰率高达30%，也就是 10 个人里可能有 3 个人不能成功进入本校大二，只能去分校，考试肯定比较难。

都不记得我当时具体是怎么回应的了，肯定是全然接纳了她的伤心难过，接纳了她的愤愤不平，也理解了她面临的困难。后来女儿期末考试考出了高分来报喜："谢谢妈妈，在我考砸的时候，没有批评我责问我为什么这么辛苦送我出去读书我不好好读之类的话，我发觉自己之前还是太大意了，不够努力认真。调整后，期末就跟上来了。我还是计划和相信自己毕业时能拿到 3.6 左右的平均分。"

感恩所拥有，心就会敞亮

你正在建设属于自己的世界，属于自己的生活，我相信为此你是负责任和很努力的。尽管这个过程中，也会有脾气，有抱怨，有不满，有懒散拖延的时候。可谁又没有呢，重要的是你承认这些，并且能找到办法去完成自己的任务。

亲爱的女儿：

你好。

下笔突然变得难，在你20岁的这一年。从你小学三年级的第一封到大学三年级，这是第十三封开学信了，有人说回首过去，会显得像个老年人，那我们说说现在和未来吧，希望这依然是一封轻松的信。

从小鼓励你成长为一个独立自主自律自强的孩子，现在你真的长成了。

　　当听你在演讲和分享中说"独自留学这些年我学会了选择，并为自己的选择负责；学会了交很多综合素质高的同龄人朋友"的时候，我心里是多么的欣慰啊，同时又难免有些心疼。当你说"我妈从来不管我"，我一面感叹自己"放手"的教育多不错，一面又遗憾在你小的时候我欠你很多陪伴。

　　理性的我其实知道，孩子成长过程中的陪伴错过了是没有办法弥补的。

　　我知道孩子长大，向前去探索他自己的世界，所以不必追。我是名心理师，明白高品质的抚养就是孩子成人后不再需要父母。和所有普通人一样，当你几乎完全不需要妈妈时（除了学费和偶尔求助），我才真正体会到做一位"娘痴"的中年母亲是什么滋味，一面想贴近女儿，一面又需要克制压抑莫名的愤怒，女儿不得不用"嫌弃"和"躲藏"来保留自己的空间。

　　感谢那一个晚上我们之间的小冲突，让我感受到你在乎我的方式，在乎我和你的关系的方式，让我可以更理解你，而不是操心你。感谢你的接纳和理解，让我对我们的关系可以更有信心，而不是担心。我需要做出一点改变。

这个暑假你做了很多的事情，参加了三个城市社团的大型活动，去了日本旅游，接待了全国各地来的朋友，打了两份工，再次体会挣钱不易。

你正在建设属于自己的世界，属于自己的生活，我相信为此你是负责任和很努力的。尽管这个过程中，也会有脾气，有抱怨，有不满，有懒散拖延的时候。可谁又没有呢，重要的是你承认这些，并且能找到办法去完成自己的任务。

这已经足够好。

我们家庭的成员分布在不同的城市，或是不同城市的不同区域里，可能没有一个传统意义上和谐美满的家庭形式，从小外公外婆对你的精心照顾给了你温暖的记忆，你说能感受到爸爸默默的疼爱，妈妈曾经拉着你的手，曾引领你向前，今后，妈妈也会永远在你的身后，一直给你支持。

明天一早你要返回多伦多上学了，看上去光鲜，其实只有自己才懂海外求学生涯的心酸之处，看起来你已经习惯了，独自长途飞行，自己学习生活照顾自己，承受压力、面对并解决问题。而我也已经习惯了自己有个出国留学的女儿，但依然免不了有些不舍。

这就是家人，是亲人间的情感。

去年我说要感恩，没有人有义务对你好。哪怕是父母和亲人。

今年我要说，有人对你好，要记得。因为他们本可以不那么做。

你是一个心怀感恩的女孩，妈妈希望你一直是。感恩所拥有，心就会敞亮，生活都会好起来。

也包括看见自己的每一份付出和坚持，我曾经说过："你是一个不喜欢为难别人的孩子，也别太为难自己。"你知道，对于自己不接受的强迫和给予，你有拒绝的权利，你可以拒绝。

你一直在努力让自己从内到外变得更好，妈妈希望这是为了你自己喜欢的样子，而不是为了去获得某个你心中的5分男孩的喜欢。你不是4.5分女孩，你就是5分女孩，要等着发现和欣赏你的5分男孩。

妈妈曾经很容易陷入"以为自己做得好，别人就会喜欢。别人不喜欢自己了，就是自己不好了"的沮丧和自责。现在才慢慢明白：喜不喜欢一个人，完全是一种很个体化很动态的情感，它既简单又复杂。有一件比关心别人喜不喜欢自己更重要百倍的事情，"我喜不喜欢现在状态下的自己"，不是嘴上说的"还好""挺好""习惯了"，而是发自内心、身心合一的喜欢，同时明白不喜欢的部分如何去行动改变，平和地接纳无法改变的部分。

当然，爱是一种比喜欢更需要自律、付出、妥协，同时也更需要力量的情感。

一回到学校你就要开始忙碌了，生活、学习、社团工作安排得满满的，好在你练就了承受压力、接受挑战以及高效率完成任务的能力。

愿你能经过自己的努力完成大三的学业，完成你的社会实践。

愿你能遇到能够欣赏你、能够疼爱你、能够保护你的男孩，在他还没有出现之前，也这样对待自己，好好照顾将来他会深爱的你。

爱你的妈妈

2019 年 8 月 26 日

关于妈妈的 自我成长

一、孩子的独立，母亲的收获

女儿高一就出国留学，和她在一起的日常生活时间很宝贵，我总是会不自觉地去沉浸感受这个孩子的一言一行，渴望能多感知她，而不是教育她。因为想要说给她的道理其实越来越少了，还有就是说之前一定要仔细想想，捋清楚了再说，不然，她听得不舒服，我也讲得拧巴。那个时候直接给她讲道理对我来说，是一件比去感知她、了解她更困难的事情，这个年龄阶段的孩子很抗拒父母直接给出的建议和道理，因为那让她们感觉自己"很弱""很傻""很不行"。

女儿像所有大学生一样，经历着新环境的适应，学业与交友的成就、挫败、纠结、矛盾，经历着自我评价、情感的上下波动，也在经历时而"闭锁"，时而特别"开放",时而孤独,时而烦躁的时段。很多家长问:"作为家长可以做一些什么帮助到孩子?"我问:"你想帮成什么样子呢?让他省了这一段动荡的青春期?让青春期像 40 岁不惑的时候那么清醒而笃定自知?或者让他们就臣服于现实,去过看上去安逸其实是墨守成规的生活?哪一个更接近你的想法呢?"大多数家长回答这个问题的时候,显出有些不确定:"就是希望孩子少走弯路吧,积极乐观,健康快乐。"小孩子 1 岁左右学走路的时候,没有一个孩子从不摔跤就可以掌握独立行走的平衡,我也从没有看见哪个家长抱起摔倒的幼儿就又骂又打,总是耐心关切地问"疼不疼",然后做好安全保护,继续放她独自去练习。这个原理同样适用于孩子的心智成长过程,每一个年龄阶段的孩子都有自己的成长任务,除了长身体,她们还需要长心智。

当然我也和所有父母一样,第一次做父母,边做边观察边反思边修正,包括教养的理念和具体方法,没有一个完全对和可靠的选择。有些目标和方向变得更坚定了,有些慢慢松动了或者彻底改变了。有一位几年前参加过我的家长团体的学员妈妈,说在那两个月里,她的三观发生了改变,她觉得自己很幸运,在后来女儿的成长过程中,没有再逼女儿也没有逼自己,自己收获了平和喜悦的心态,女儿也逐渐有了改变。

我想,当孩子真正培养出"计划和行动自觉性","主动为自己做事的结果负责任","靠自己的努力去获得自己所想",父母总会从心底里发展出一种喜悦,那就是播了好的种子之后,看见种子发芽生长的喜悦。

我听过女儿两次公开发言,都是她中学时接受托福培训的机构邀请回去在年会上做的演讲。第一次是单独的演讲,我记得女儿的主题是"一个人,不要怕"。女儿在台上分享了自己不到16岁出国留学的心路历程,我这个老母亲坐在下面听得眼泪哗哗流,有些细节我也是第一次听她讲,报喜不报忧,孩子自己心里知道要自己挺住,不好的事告诉家长也只是增加家长担心,不能解决实际问题。

还有一次是四五个留学生同台圆桌分享,听着已经念完大二的女儿在台上流畅自然地侃侃而谈,第一次很正式地听到女儿讲出国留学对她的意义和影响,她在留学中的收获,她是如何感谢这一段独立成长的经历……我记得我远远站在大厅的后面也是泪眼婆娑。

除了心疼，我觉得自己的眼泪中更多是收获的喜悦在流淌。

二、冲突难免，也是收获

我的收获不仅仅是来自喜悦和满足，也包括和女儿的那一次冲突。说冲突其实主要是我这个母亲的情绪波动很大，没稳住的是我，整个过程我记得可能有 40 分钟左右，地点在女儿独自居住的公寓里。女儿回国来的假期里，有很多的同学聚会和接待，正好我有个朋友在市中心有一套空置可居住的小公寓，刚好借出来给女儿暂住。那一次的冲突细节我不完全记得，但清晰地记得是因为不同年代人的处事观的巨大差异，同样是要优先照顾房子主人的利益，但她的做法，在我看来完全就是非常没有礼数，超过了我的原则底线，最让我生气的地方是她没有事先告知我，就只管按自己的做法去了。我知道后火冒三丈，强行按捺住自己的情绪想去和女儿谈谈，但看见她淡然的态度，我没忍住情绪爆发了。那可能是女儿长这么大，我难得一见的情绪失控，她在另外一个房间偷偷打电话给我一个闺蜜，让我的闺蜜来接我安抚我，现在想起来又觉得她很可爱很暖心。

那个时候我生着气尴尬地离开了，自己开着车想着：是什么点燃了我，只有这一件事情，还是有之前的积累和积压？是怎么来的？我到底想要告诉给女儿什么？说清楚没？之后，在我写给她的开学信里，我重提了此事，并在信里告诉她：去年我说"感恩，没有人有义务对你好。哪怕是父母和亲人"。今年我说"有人对你好，要记得。因为他们本可以不那么做。你是一个心怀感恩的女孩，妈妈希望你一直是。感恩所拥有，心就会敞亮，生活都会好起来"。

三、和女儿聊更深的亲密关系，"喜欢"和"爱"

我记得从小学开始，女儿的友谊发展之路总体是比较顺利的，容易交到朋友，也在与朋友相处中了解他人，学会了顾全大局，也慢慢学会了拒绝和协作增效。不过，在亲密关系方面，从朦胧的初中到高中，再到大学二年级结束，好像一直没有机会遇到合适的。

18 岁到 22 岁，是青年发展亲密关系的敏感期，性激素水平和情感连接上，需求和困惑一样多。虽然友谊和爱情一样，都包含着对对方热情的情感，分享交流，彼此支持关心，但爱情包含着更浓烈的情感和更为严厉的标准，友谊历久弥香，但只有爱情会让人充满激情而忘我投入。

看着女儿进入这样的阶段，听着她给我讲一些她的情感故事，我这个妈妈自然不会完全袖手旁观。但怎么说呢？说什么呢？

我总觉得当孩子长大后，家长如果想要给孩子讲点交心的话，最好的是讲自己的真实感受、自己的心路历程给孩子，而不是讲很多规则要求和道理。当孩子长大成人，他们也有慢慢了解父母的需要，而且自己的故事讲起来会更真实更动人，孩子也更愿意听，更能在其中选择适合自己的用于自己的生活实践。

可以说，恋爱也是"练习"爱，是一门青年人的必修课。这方面，我自己是一个自学几十年正在成才的"孩子"，我能够讲给女儿的，是坦诚自己的领悟和习得。

在好的恋爱关系中，双方都需要感觉到被滋养，都需要以一种站立又彼此相连的姿态相互陪伴，而不是总有人是在委曲求全、仰望讨好。如《致橡树》中所言："根，紧握在地下；叶，相触在云里。"不管身体的距离有多远，一段好的感情会帮助彼此共同成长，两个人相互欣赏信任，彼此理解宽容，都能在对方独立的心中找到并延展生命的新意义，会在社交和生活中更有活力，也获得心灵的更大自由。

在爱情中，双方都保有自信、不活在别人的评价中的前提是，你需要有比较笃定的自我评价。我很坚定地告诉女儿：你就是 5 分女孩，不是 4.5 分女孩。不用为了满足谁的审美或者要求去改变自己。学会善待自己，你认为的自己的"缺点"并不一定真是那样，如果你认为对方的高度已经成为你拼命想要改变自己的压力，那可能你已经过度美化了对方，总有一天这个形象会破灭，那时你就可能觉得自己既看错了人又失去了自我，很受伤。

当我们爱一个人或被一个人爱的时候，并不需要我们刻意为对方做些我们以为对方需要的事情，如果相爱的人陷入刻意讨好对方的旋涡中，那这段感情就难逃抛弃与被抛弃的命运。虽然相爱的人都会无条件地关心和支持对方，但不能有"一旦我不能满足对方的需要，就会被对方嫌弃，或是自己就不够好"的担忧和自责。

我也把曾经入过的"坑"告诉了女儿，被别人喜欢是一个很偶发的事件，喜欢自己却是一个可以自我掌控的事情。有一个比关心别人喜不喜欢自己更重要百倍的问题："我喜不喜欢现在状态下的自己？"

爱情是浪漫的，同时去爱和享受爱，也是需要能力的。爱是艺术，也是一种能力。爱的过程，也是寻找自我活出自我的过程，学会爱自己是收获爱的基础。

"愿你能遇到能够欣赏你、能够疼爱你、能够保护你的男孩，在他还没有出现之前，也这样对待自己，好好照顾将来他会深爱的你。"

关于女儿的 自我成长

一、同龄人的影响

大三这一年，女儿在大学社团里当活动部主管了，有了更多的社会事务以及更广泛的人际接触，她告诉我因为活动赞助，认识了当地银行、旅行社以及各种留学生服务机构的人，因为主办新生欢迎会，她认识了几百个国内留学生的家长。

她高效做事，广泛交友，同时也有了特别要好的朋友。女儿有一个特别好的朋友，被她称为学习上的好帮手。那个女孩和她同级同专业，成绩特别好，学习习惯和能力也好，女儿就跟着她，一起去图书馆，一起刷题讨论。女儿说要没有这个朋友带着，可能她无法取得现在优异的成绩，当然这离不开她自己的努力。

真是很高兴女儿能这样看待自己取得的成绩，归因于外界给予的帮助，这是感恩。同时也归因于自己的努力，这样可以增强自己的主体存在感、自信心和掌控感。

还记得女儿大一回来吐槽新进校园的学业压力，我心里有点打鼓，是不是选这个学校对女儿要求太高了？就安慰女儿说，没事的，实在太难我们还可以重新选。女儿用嫌弃我的语气说："为什么要重选？选择了，我就会看我的选择的各种好，不会总去看没有选的多么多么好，那有什么意义啊。遇到了困难咬牙也要克服，在哪里读书不遇到麻烦？在哪个好的学校里想要一个好成绩会轻松呢？"听到她这么讲，我立即乖乖收声了。"学会选择，懂得坚持"，这是在她读初中时，我曾经给她种下的"草"，我不能给孩子传递矛盾的信号吧。

对自己的初心和选择坚定地说"是的"，这就是意志力；对那些诱惑和干扰说"不"，那就是她自己培养和训练出来的意志力。

二、内外兼修，平衡更佳，拒绝诱惑

有趣的灵魂万里挑一，可有趣的灵魂和好看的皮囊没有冲突呀，美也是灵魂感知的一部分呀。从上大学开始，女儿购买和使用的护肤品和化妆品越来越多，排了满满两大排。尽管我这个做妈妈的自己的护肤品只有简单的三件套，常用化妆品也仅限于眉笔和口红，但我没有那么反感这件事情，看见了只觉得好奇，外婆偶尔会说"这么年轻哪里需要用这么多化学用品啊，反而把皮肤用坏了"。我想我不说女儿可能有两个原因，一是我觉得女儿说得对，内外兼修不冲突；二是我承认人的第一印象主要还是看"脸"和"身材"，始于颜值，接着才是灵魂的接触和碰撞。我自己的能力有限，对抗不了女儿所受的同龄人影响，那就不去硬碰硬自找没趣。我只是表达了一个消费态度：支持她买好一些、原料相对简单和自然的产品。

这一年，女儿换室友，公寓搬迁，转租求租换房，学业更多更难，社团工作和社交活动更多，暑假一个月辗转国内几个城市办新生见面会……这么多的事情，她把自己安排得井井有条。

我有点好奇：她是怎么做到的呢？有时我们闲暇时间散步，她会给我讲她的理论：对生活影响最大的四个方面——身体、头脑、心态、思想，都需要定期休整、恢复、充电、更新。保持身心平衡和健康，才能让你始终保持敏锐，从容应对生活。

我说："具体怎么做呢？"

她说："身体：运动锻炼，睡眠充足，精神放松。头脑：阅读，打游戏，学习新技能。心态：交朋友，帮助他人，看搞笑段子，笑口常开。思想：就是要常反思啊。"

我说："为什么平衡如此重要呢？"

她说："因为这四个方面相互支持又彼此影响。试想一下，如果汽车的一个轮胎出了问题，所有轮胎都会受到不同程度的磨损，严重的话，汽车基本就开不动了。如果人精疲力竭，很难待人友善，反过来也是如此，当你感觉动力充沛且发自内心，就更容易集中精力学习，也会更善待其他人了。"

我问："对那些来干扰你的诱惑你怎么对待？比如有人一定要你做不好的事情才和你做朋友？"

她说："我不会交那样的朋友。他们都知道我不碰，我也不会去制止，要求别人不碰，那是人家的事情。但我决定不碰，因为我照顾过经历过痛苦的同学，我觉得一时的刺激绝不值得以长期的痛苦为代价。"

我表示很赞同，但还是要再打一针加强针："对的，如果你远离这些东西决不会有所失。要更多考虑后果，克服自己好奇或者想要讨好取悦他人的冲动，同时提出更多的解决替代方案来保持友情，被绑架的友情不是真正的友情，无论是用情感、道德或者某一种喜好来绑架你的人，都要远离他。"

实话讲，这些话也是说给 40 多岁的自己听的。我在 20 来岁的时候，很难有这么坚定的信念，但这对年轻时候的自己又是多么宝贵啊。

面对不确定，更需要冷静和安定

尽管回头看，抚养你的过程有
很多的遗憾，自己不知不觉疏漏了
很多，干了不少现在看来傻乎乎的
事情，可谁不是这样呢？普通人，
名人，光芒万丈的人皆如此。

亲爱的女儿：

你好。

我的身体里像是有一个生物钟，每到 8 月底，就自动
想起写一封信。这是 10 多年来，我陪你长大，也是我自己
长大的一种方式。

过去有 6 年时间，一到写开学信，除了欣慰和欢喜，
总还会有一丝淡淡的忧伤。因为此时你都即将飞行一整天，

离家万里，去完成属于你的留学生活。

第一次去那个陌生国度，你不满 16 岁。今年开学，你大学四年级了。

每一年都不容易，从私立高中到全球名校，从大一的适应到大学三年级学分绩点平均 3.7 分，大三学年学分绩点 3.91 分，同时还在学校社团从干事做到部门主管，也交了不少朋友。

妈妈并不清楚你是如何做到这一切的。你总是会告诉我成绩和收获，有时也会倾诉些烦恼。我问你："怎么考到这个分数的啊？"你会平静坦诚地说"用笔考的"。

2020 年，对留学生来讲，又特别不容易。

从学业和心理都接受了许多崭新的挑战。从积极的角度来看，让我们难忘的，除了突如其来的恐惧、担忧、紧张，还增加了我们对不确定性的耐受，学会遵守规则、忍受束缚和在孤独中保持活力，学会如何在变化中回到平稳，安顿好自己的身心，在不可控中掌握自己，学会如何利用现有资源一路向前。

今年你的生日是在长途飞行中度过的，回国前依然有朋友为你庆贺生日，线上线下送你礼物。你喜欢交朋友，一定是你对朋友大方，爱帮助人，才会拥有朋友的大方与慷慨。

你在朋友圈写："谢谢大家在疫情里想方设法传达到的祝福，真的很幸运能遇见所有的朋友们。接下来的日子里会更珍惜和感恩自己有这么好的友谊。"

妈妈看见你的感恩之心，这非常宝贵。

回国后你开始自律地健身和健康饮食，主动积极申请暑假实习，同时规划备考申请明年的研究生考试和入学。上个月你考了第一次经企管理研究生入学考试（GMAT），拿到了660分。前两天，你结束了三个月的实习，拿到了实习证明。每一次收到你的微信图片，妈妈都会为你自己付出努力，取得的收获而激动。

我曾说你长大的过程，总是带给妈妈惊喜。今年也如此。

过去20多年，妈妈最满意自己的是在一路前行中逐渐成长的自己，包括成为你的母亲。

尽管回头看，抚养你的过程有很多的遗憾，自己不知不觉疏漏了很多，干了不少现在看来傻乎乎的事情，可谁不是这样呢？普通人，名人，光芒万丈的人皆如此。

我对当下的自己满意，因为我做了自己想做的事情，愿意承担，有能力选择，上天眷顾，给我的比我想要的更多。

初中的你曾在送给我的生日卡片上写："妈妈，我没有参与你的前 27 年，但我会陪你到老。"

今年我的生日，你亲手做的蛋糕从颜色到配饰，我都超喜欢。你不用问，就知道我的喜好，这就是默契吧。

有时爱需要语言，有时爱就是默默感受的深情。

妈妈很高兴，你懂得了给予爱，也收获爱。

你爱讲话，但不"话多"；你性格活泼，但能安静；你喜欢热闹，也能独处；你宽容不计较，但有自己的原则和底线。

怀上你的时候，我说想要个女儿。但没想到，女儿的长大带给我这么多的感动和欢喜。

今年你说自己过去两年有些浮躁。我想告诉你的是，年轻时，我们难免浮躁，难免会被周围的信息浪潮所影响，就算人到中年的我，有时也免不了。妈妈希望你依然能听见和保持自己内心的声音，愿你拥有足够的勇气，坚持你所坚持的；拥有足够的力量，改变你想要改变的，拥有足够的智慧以区别它们。

这些话也送给我自己。

愿你能顺利完成大四学业，拿到中意的研究生 offer，有爱和朋友陪伴，自己照顾好自己，为你未来想要的生活努力。

身体健康，心情愉快。

这一学期我们可以随时约火锅喔！

爱你的妈妈

2020 年 8 月 31 日

关于妈妈的 自我成长

一、经历动荡慌乱

"经历动荡慌乱和重新稳定"，这几个字，可能是2020年的全部主题。我是20世纪70年代出生的孩子，从小生活在粮食蔬果丰盛、民风朴实的川西平原，没经历过什么大事情。

直到2008年的5·12汶川特大地震，我居住的成都离汶川90公里。那一年女儿念小学，我记得那个下午我从市中心高楼上跑下来，站在地上看着突然失序的汽车和人群，才开始害怕。反应过来后的第一件事情就是给我妈妈打电话，她说她已经到了女儿上学的学校，都很安全，在操场上。

接下来是一个多月的余震，有时我们住在车上，有时住在公园的草坪上，虽然成都总体是安全的，但大家对不确定的未来，都心中不安，一点消息传言就会引起惶恐紧张。那个时候全国各地的各种救援都来到了成都，通过成都去往地震受灾的各个地方，首先肯定是生活物资和消防救援，接着也来了心理支援。除了照顾好自己和家人，我参加了汶川地震的灾后心理干预支持工作，第一次接受专业的创伤后应激障碍（PTSD）干预初级培训，跟着就出发去了一些单位和学校，十几年前有心理学专业受训基础的人员数量非常少，还是很缺人手。

2020年春节后，因新冠疫情居家隔离期间，成都有一天晚上震感强烈，四川人都还不忘幽默发段子：跑出去怕新冠，待家里怕地震，跑还是不跑？我和父母待在家里，每一天看新闻了解局势，尽管也有担忧害怕，但我们三个人在一起，除了不能出门，毕竟基本吃穿不愁，也很安全。女儿在国内新冠疫情暴发前的1月中旬返回了加拿大上学，一开始她们那里没有疫情，戴口罩的都没有，后来出现零星疫情，但当地人根本没怎么重视这件事。但我这个妈妈就开始焦虑了，大学时的专业是生物学，按照我的传染病基础知识，很快加拿大就会暴发，估计最后也会停止线下上课改为线上上课。

那段时间可以说是我和女儿微信联系最密集的两个月，女儿一开始是比较淡定的，我只是关心她有没有口罩，她说有，好多人都不戴的。上课学习照常，还积极准备着他们的春节联欢会。我们预计着女儿4月完成大三学期的课程后就回国，那时的疫情应该也结束了，没想到，这场抗疫战，今天都还在打。

二、作为海外留学生家长的双重不确定和压力

2020年2月，多伦多的感染人数超过100人，很快达到200人。女儿开始和我商量要不要买提前回国的机票，我说肯定要。又过了几天，越来越多留学生开始回国，女儿开始有点心慌，但说还要坚持上课，反正不久后上完课就能回国。又过了几天，出现了一些航班取消的消息，我们又开始买更提前的机票，而且因为隔离政策的原因，她需要从温哥华转机。

接着，就开始买不到机票了，更多的航班取消，女儿学校也停课了，待在自己的公寓里，居家线上上课不能出

门了。有一天晚上女儿给我打了很久电话，独自应对了那么多事情的女儿有点崩溃了，封闭在自己的小屋里，留学生群里发着各种消息和传言，女儿很多朋友回国了，回国旅途艰辛，也看到留学生回国被隔离的各种境遇和窘迫，还不知道自己的航班会不会被取消。

我听她讲述，听她哭，也给她安稳的消息，帮她找到当地能帮助她的朋友家，也听她自我疏解，听她说先好好睡一觉。

第二天，女儿告诉我："我好多了，面对不确定的事情，更需要冷静和安定下来，做积极努力和两手准备。我自己是肯定努力争取回国，这边租的房子物品什么的我都打包好了，回国也不会耽误学习。希望买的三张机票里能有一张保留下来，如果实在不行，那也要接受。"

3月中下旬，航班政策常常变化，隔离政策也在变，直到女儿从她读书的城市飞到温哥华，登上了从温哥华直飞成都的航班，最后她的飞机在成都双流机场安全落地，这2个月来我这悬着的心也终于落地了。女儿说："其实这一趟，防护服和眼罩都还好，除了饿，没什么不好，睡了

11 个小时。下飞机前体温只有 36.3 摄氏度。7 天前这张机票才买到，可怕的三月，感觉经历了一个世纪。"接下来，半个月的酒店隔离和一周的居家隔离也就不算什么大事情了。

两年过去了，发生在我的小家庭里的动荡只是大海里的一点点浪花，整个世界的动荡变化才是波涛汹涌的大海，这样的大环境下，每一个人、每一个家庭都有惊心动魄的瞬间和惴惴不安的时刻。

三、生活中的变化从不缺席，除了自己，没有什么是我们可以控制的

我们生长在和平年代里，个体的力量在整个社会中既伟大，也渺小。伟大是指我们首先可以掌控好自己，做好社会一分子，不为社会添乱；渺小是指我们需要承认个体的努力并不能直接改变大局，接纳现实的突然改变，去适应大局。

这个疫情让很多聚会停了，让很多事情变慢了。所以，你也有可能有了做其他事情的时间。当 4 月份女儿回国的时候，我的第一本书《靠近你》已经完稿，书稿有一半是在居家隔离中捧着电脑坐在桌边、床上完成的，一日三餐基本都是父母准备。那个时候我加入全国新冠疫情整合干预公益值守热线已经两个月了，在社群做"疫情之下的身心守护"的主题分享，继续用在线的方式支持着一些有需要的来访者。我妈说："你工作以后这20多年我还从没有这么长的时间和你朝夕相处。"听得出她很满意，也很符合我妈妈凡事都很容易看积极面的乐观精神，我也觉得这些勉强可以算是疫情之下的一点正向收获吧。

因为疫情上网课，这一年的5月10日母亲节，女儿在国内念书，我们在同一个城市生活。她买了很大的一束花和好吃的蛋糕，手写了一张卡片：

亲爱的妈妈，

节日快乐!!!

知道你最会养花了

所以选一大束花给你

今天承德的康乃馨很难买

跋涉了好长一段距离

还给你带了个蛋糕

偶尔吃下不会胖哈

2020 年 5 月 10 日

女儿坐了一个半小时地铁来我上班的地方，当身着紫色衬衫的她笑眯眯地把鲜花和蛋糕递给我，我的心都化了。如果一定要用两个词来形容我那一天的心情，那就是：喜出望外、幸福。

生活中的变化、动荡、慌乱、无助、纠结、伤心难过、恐惧、害怕永远不会缺席，没有什么是我们可以控制的，除了自己。

"时间从不说话，却给了所有的答案"，任何外部事件，都像是给了你一份考卷，然后每个人给出了自己的答案。

关于女儿的 自我成长

一、开始谈恋爱

"宣布一个消息，本人，可能要谈恋爱了！"女儿兴奋地给我发了这条微信，然后跟了一个哈哈大笑的表情，那是在她回国一个月以后。我是在结束两个多小时的全体咨询后才看见，即刻回复："开心。尽管还有'可能'两字，开心开心，照顾好自己。"还顺手发了个红包给她，想着恋爱了，当然要多花一点钱嘛。还给女儿打趣说：希望我也有机会宣布这样的消息。

大二暑假回来的时候，我们在一起散步时曾经聊过一些相关话题，关于哪一种类型和性格特质的男生她会喜欢，她的恋爱观现在是怎样的，等等。她说现在的年轻人恋爱大多为抵御孤独，大家在一起结伴过一段时间然后分手。我也从心理学的角度和她聊了几种现代年轻人恋爱的类型。大三她回国后，我发了一篇名为《人为什么需要谈恋爱》的心理学公众号文章给她看，里面引用一个年轻人的提问："为什么要谈恋爱，我怀疑恋爱的必要性，觉得找一般的朋友都可以满足各种陪伴的需求，两个人在一起也没有什么意思。"

文章里介绍说逆来顺受型、剥削控制型、霸占囤积型、市场需求型都是消耗自己也消耗他人的非生产型的爱。生产型的爱，是积极的、灵活的、有创造性的，你能够主动为对方付出，也灵活坚持自己的需要，你能够有时把对方的需求放在自己之前，也能够拒绝对方不合理的要求，你们不被僵化的标准束缚，而是创造性地寻找你们之间关系的答案。

文章中说，你可以认为亲密关系是一条通往我们内心最黑暗处的道路。在亲密关系中，你试图遗忘的会被记起，努力掩盖的会被彰显，竭力控制的会失控。这听起来不是什么美好的事情。但正是因为亲密关系的这种机制，它也成为我们人格疗愈的一种最为重要的契机。"一个真正懂得爱的人，必须是一个有能力爱这个世界的人。"

文章最后，鼓励读者，要有勇气去进入一段深入的关系，要有勇气在关系中面对真实的他人和自己。

我也写了一段自己的读后感，和女儿分享：

人，终其一生渴望生产型的爱，因为那会给双方带来滋养，

只是很多人在亲密关系里放弃了。

因为太难了，要面对自己身上的那么多黑洞。

因为太难了，还要运气足够好。

要么转移，

要么回避，

这，是必经之路。

在女儿 21 岁的时候，听她正式宣布开始恋爱，我很开心。因为人生的每一个阶段都有些任务，去经历，去恋爱，去"练习"爱自己，爱他人，爱这个世界。

二、觉察到自己的浮躁

从高中留学开始，我和女儿的日常交流主要靠微信，

这几年我换了好几个手机，都把旧手机保留了下来，就是为了保存那些宝贵的图片文字以及有趣的故事。

女儿大二的时候养了一只猫，是一只英短，她给猫取名叫"白老师"，女儿从小想养宠物，想养猫，终于悄悄地实现了。带它打疫苗，做节育，有一次白老师被骨头卡住，还有一次白老师背上真菌感染，都是女儿精心照料的，它也陪伴女儿，成为女儿单人公寓里最好的伙伴。

女儿推荐我看一部电视剧《致命女人》，她说"贼好看"。我说我没有会员，她就在微信上教会我用她的会员登录。当我终于把10集看完了，女儿问我："好看吗?"我说："好看，拍得很精彩。"我还跟女儿分享了我的观后感，好看中难免唏嘘感叹，我说女性要自立自强，荣华富贵终是过场，两人相处更要彼此互助、彼此诚实。

通常我会把我工作生活中发生的有意思的事情分享给她，但不会追着她回复。因为她的事情也超级多。她也会主动跟我分享她的学习和生活，也会经常给我吐槽："吐了天呐""我要吐了""累死了""我要死在图书馆里了"。她也会玩，打麻将喝酒唱歌，约着朋友去旅行。拿到奖学金的时候，会第一时间给我发截图，说："奖学金！"我就会给她连续点大拇指。

回过头去看我们之间的交流记录，多好啊，多生动啊。我告诉女儿："你可以向妈妈隐瞒，因为你有权利决定什么时候讲什么给谁听，但你需要学着对自己的事情负责任，不要讲假话编故事给我，因为那样会影响我的判断，损害我们之间非常非常宝贵的信任和情感。"

女儿的生活看上去忙碌而充实，我不会要求她把她所有的生活和情感都告诉我，她一定会选择性地发送，毕竟我不是她的闺蜜，我是她的母亲，因为这个身份，她对我的情感和需求，和对朋友和闺蜜一定有很多不一样。随着年龄增长，她也会考虑如何减轻我的负担，而不总是向我索要。女儿在大二暑假曾经对我说过："如果我很难过，找你，你可以帮我到90分，我也不会找你。我会找可以帮我到60分的朋友。"

这多么正常，我也无法像一个朋友或是闺蜜一样对待她，再怎么说独立，我也带着独特的"母亲"的情感和牵挂。我戏称这是"老母鸡"情怀。

我记得有一天女儿坐在我开的车里，我们聊着什么，快到家地下车库的时候，她突然说："我觉得自己过去两年太浮躁了。"听得出来，是那种很沉静的反思和感悟。

我没有马上接话，因为我想这里可能需要停顿一下，等一会儿。我没有立刻想出怎么接这个话，但我记下了这句话，写开学信的时候，我就整理好表达出来给女儿了。

女儿谈恋爱之后，我发现她特别注意饮食健康了，而且非常惊讶她完全可以自己独立做出很多可口又营养的菜了。我问她在哪里学的，她说抖音上有一个她的师傅。

我说："年轻人很多都吃外卖，做饭这么麻烦，你为啥还愿意做啊？"

她说："要懂得关爱身体。"

我问："关爱身体是什么？"

她说："听从自己的身体需要呗。要特别留意你吃不同食品的感觉如何，并由此形成适合自己身体需求的'要与不要'，多吃全麦食品、水果、蔬菜和低脂奶制品。这样能让你自己保持一个轻盈的身体和清晰的头脑。"

20 来岁的年轻人离不开"浮躁"，因为外界就是那么的"短平快"。但如果能在这么浮躁的世界中生存，还能觉察到自己的浮躁，我认为这就是在成长。

说一些母女间交心的话

在妈妈眼里，你无法普通。你
是一个让我欢喜让我挂念的独立个
体，同时又与我血脉相连。

亲爱的女儿：

你好。

今年的开学信来得晚了些，但在我心里惦记这事儿有
段时间了。前些天出版社说《靠近你》需要第三次印刷
了，同时约明年的书稿，我猛然想起开学信还没写。

从高一开始，你独自出国留学，每一年快返校时，我
都有一些离别的焦躁，你说你也会有。航班前一晚常常通
宵不睡的你开玩笑说："这样在飞机上可以好好睡。"其
实，你也舍不得。每一年我都会在你去机场前，写好一封

开学信，亲手交给你。看似在鼓舞你，实则也是在安抚我自己，这些信也算是不擅口头表达的我，和你说的一些母女之间交心的话。

"大年初二和苦苦等待了四个月的 offer 一起来了。"

年初，你在朋友圈只发了这一句话，但我知道，为了这个持续 12 个月的研究生项目，刚上大三的你就开始了各种准备。我记得在一个停车场我们一起去取车，你给我介绍这个项目要求平时各科成绩有多高，可以上哪些专业课，如果读了对今后发展有什么好处。我其实听不太懂，但我听到了你清晰的思路和计划，就和很多你决定的事情一样，我能做的只有盲目热情地支持你。

说实话，到现在我都无法想象你一个小姑娘是如何在全是陌生人的异国他乡完成了那么多的任务，完成了学习、交友、生活和自我成长。

2022 年 6 月 24 号，你在朋友圈写："从五年前第一次了解到 RC，开玩笑说要考进来，然后今天以 High Distinction（高分）毕业了，一切都快得很不真实。感谢同学的帮助，才能有了自己的好成绩。"

我看见你已经成长为一个有计划愿行动懂感恩的姑娘，并早已明白：想要过上"普通"而"平凡"的人生，也要非常努力。

我看见你谦逊低调，很少去冒犯或顶撞谁，但内心却不人云亦云。你头脑清楚，有自己的坚守，这是妈妈希望自己也能拥有的品格。

我打心里佩服你，为你骄傲，也因为我是你母亲而感到自豪。

今年我的新书出版，邀请你写一段文字，放在序言里。当我看到《写给出了书的妈妈的一封信》时，我的眼泪止不住地流了下来，心里是暖暖的，有一种农民伯伯站在广袤大地上，看见庄稼成熟的喜悦和感动。

从高中毕业开始，每年你都会打暑假实习工，尽管都没收入，但你说锻炼了很多能力，也认识了很多朋友。

大四这个暑假，积累开始有了收获，你开始挣钱了。第一笔工资给外公买了一双鞋，请外婆吃最爱的比萨。从小带你长大的外公外婆心里超满足，你知道，"心意"在我们家是一直被重视的。

大四这一年，我俩在同一个城市，但并不住在一起，时不时约饭，去过不少餐馆。有一天下午你说吃完饭一起回你公寓，你写作业，安排我在旁边喝茶看书，我心里简直是雀跃的，我想，这可能是最好的陪伴了，各自独立，又紧密相依。

你把公寓收拾得干净整洁，连做饭的厨房、储藏柜都经得起每一次突击检查。想起小时候我看见你有时乱糟糟的桌面和衣柜，常对你说："长大后你肯定能把自己生活的空间打理得井井有条。"现在的你，还同时照顾好了一只可爱的猫。一开始悄悄咪咪不告诉我，你太了解妈妈了，知道我的洁癖和担忧，直到看见你和猫的互动，能感受到它给了你很好的陪伴，我也就打心里接受了。

正是应了那句鸡汤名言："不是看见才相信，而是相信才能看见。"

这一年夏天，你迅速考下来了国内的驾照。

刚过去的国庆，你和朋友自驾去了拉萨。后来你告诉我半个月前就订好了一路上经过的酒店，查好了路途中充足的充电桩，到达拉萨后人坐飞机回来，车托运回成都。

这个周密的计划，在你们出发之前你对我是只字不提。只是告诉我要去自驾游。第三天我看见你发来的地点竟然在西藏，才突然意识到你们可能会去拉萨。

我问了一句："相信你出门前已经做好了攻略，对吧?"

你回复:"是的。"

我一边消化着"儿行千里母担忧"的人之常情，一边安慰自己:"好的抚养是孩子长大后具备独自去探索世界的能力和勇气。"

你不提前告知我所有信息，是想减少我不必要的担心。很好地践行了小时候妈妈提的要求:"真话不全讲，讲的都是真话。可以隐瞒。但告诉的必须是真实的，以免影响妈妈的判断。"

这一年8月，你顶着疫情压力去北京接受公司的四天培训，结束时，你发了一个朋友圈:"一百年正青春，四天收获满满，开始思考起了自己未来的方向。很高兴这几天认识了新朋友，希望以后再见面时我们能变得更好。一边做着自己的事情，一边给自己、社会、国家创造更多的价值。"

印象中，我从未向你输出这样的人生观，但这的确是妈妈希望你拥有的。我激动地在评论区留言："内外兼修，有才华又进取的年轻人们，真棒啊！"

在妈妈眼里，你无法普通。你是一个让我欢喜让我挂念的独立个体，同时又与我血脉相连。

愿你继续照顾好自己，朝着自己的目标，去享受一步步走向它的过程。

在今年大学本科毕业感言上你说："继续开始和 UT 的第五年，愿明年可以在学校拍硕士毕业照。"

愿你，如你所愿。

爱你的妈妈

2021 年 10 月 30 日

关于妈妈的 自我 成长

一、和女儿拉开空间距离，同时又保持温情联系

这一年我们在同一个城市，但住在不同的区域，除了女儿去西藏旅游时，听她安排去帮她给在家的猫咪喂食加水，从来没有私自去过她的公寓，留给她更多的空间。

如果要去郊外的外公外婆家聚会吃饭，我会提前和她预约时间，她也是很贴心地配合老人家的作息表，自己起一大早坐一小时的地铁去吃一顿并不合年轻人胃口但爱意浓浓的午饭。有时，她会为老人做一两个菜，从小带她长大的老人家那叫一个高兴啊。

"孩子多大都是父母的孩子"，我理解这句话表达的是父母的疼爱，还把你"当个手心里的宝"，这感觉多好啊。但这句话并不包括因为你是我的孩子，所以我会觉得你不行，你需要听我的，我可以拿脸色给你看。爱里面除了拥

有，一定有放手这个内容。

纪伯伦说："你的儿女，其实不是你的儿女。他们是生命对于自身渴望而诞生的孩子。他们在你身边，却并不属于你。你可以给予他们的是你的爱，却不是你的想法，因为他们有自己的思想。你可以庇护的是他们的身体，却不是他们的灵魂，因为他们的灵魂属于明天，属于你做梦也无法达到的明天。"

这段经典的散文诗，好多家长都看过。不过，大部分家长是在"我就是你的家长，你得听我的，我得为你操心，得为你负责。否则我就不是一个好家长"的强烈催眠下长大的，想要放手的同时，承担未知、缓解自己的焦虑却不是一件容易的事情。但这件事情，从长远来看，又非常值得。父母能轻松发展自己，孩子能独立也能发展自己，是双赢。

二、坦承自己的"擅长"与"不擅长"，悦纳自己，关照自己的内心

我在这一年的开学信开头就写："每一年我都会在你

去机场前，写好一封开学信，亲手交给你。看似在鼓舞你，实则也是在安抚我自己，这些信也算是不擅口头表达的我，和你说的一些母女之间交心的话。"我想，这就是我这一年最大的成长。这里面含着我对自己更完整的了解和接纳，是一种柔软又坚韧的力量，非常接近我希望自己身上具备的力量。

小学六年级时，我给女儿讲梦想，尽管有的梦想能实现有的实现不了，但有梦想很重要。

初中时，女儿自己学会："以终为始，要制定目标。"

高中时，女儿开始练习："学会选择，懂得坚持。"

大学时，女儿说："但凡是选择的路，弯路也是看风景用的。"

从心理学的角度，教育必然是一个自我认知和自我指导的过程。教育原本是"教"和"育"，"教"是单向输出的，懂得多的向需要学习知识的人单向输出；"育"是提供合适的土壤、阳光和养分，帮助种子发芽生长，那就需要了解这个种子是喜阴还是喜阳，喜干还是喜湿，生长发育周期如何，它的每一步变化意味着怎样的需要……是带着好奇去了解对方，结果是共创的。

有一种生动的比喻说：教育者需要有"园丁"思维，而不是"木匠"思维。

愿做父母的我们，把孩子"养"大，不是"教"大。如果我们小时候没有接受过"园丁"一样充满阳光雨露般的养育，那我们长大后还可以通过养育孩子的过程来学习，自我"养育"，收获属于自己的成长和幸福。

关于女儿的 自我 成长

为自己努力去考虑他人利益，将个人人生目标和社会价值相连。

"说实话，到现在我都无法想象你一个小姑娘是如何在全是陌生人的异国他乡完成了那么多的任务，完成了学习、交友、生活和自我成长。"

我发现女儿非常宝贵的一点，是该玩的时候玩，该学的时候学。2020年春天她还交了房费定金准备春假和同学去美国旅游呢，后来因为疫情不得不取消。我有时很羡慕她的精力，如果是我，肯定是应接不暇，女儿手里最多的时候三部手机，实习工作申请，兼职工作，找房子，租房子，布置家，买东西，搬家，做饭，整理房间……

当然我也很忙，我们经常交流各自经历的事情，对此的看法，互道晚安和鼓励对方。

我记得她有一个好朋友，大二结束的时候，因为挂科两门没法继续读书了。我问："那这个结果出乎意料还是她早有猜到？让她最难过的是什么？你可以怎么安慰她？"

女儿和我聊："她在过程中意识不到危机，要危机怼到脸上才意识到。我也不知道咋安慰她。这事儿就是没有努力啊，这就没啥好说的。"

女儿大二结束的时候说：自己两年总体绩点保持在3.6分，她说希望自己毕业时总体3.5分，研究生的要求目前总体达到。大四毕业时，她超过了自己这个3.5分的成绩。高中毕业时，她定下了自己的目标，被目标学校录取了；大学毕业申请研究生时，她冲刺了英国3所大学，同样也被目标大学录取了，她选了本科学校连续12个月的项目；读研究生时申请实习工作和明年的正式工作，她说她被拒了无数次；后来她改进简历和面试，今年 1 月靠自己的努力拿到了理想工作的录取通知。

暑假她选择在一群同龄人集中的公司工作，接受高强度培训和任务执行，我听她给我讲述的经历，发现她懂得照顾大局和集体利益，引导大家相互支持和鼓励，懂得欣赏同龄人的优点长处，交了新的朋友，并且祝福大家都能变得更好，这是一种非常棒的"双赢"的合作思维。

2022 年 3 月 25 日完稿

23 岁的你开始上班，50 岁的我还不想退休

亲爱的女儿：

这个秋天，你开始了正式的上班生涯，是和自己的本科研究生专业对口的工作。在全球经济普遍下滑、就业率低的情况下，你在国内经过层层选拔，今年年初拿到了全球四大会计咨询公司的校招名额，这足够让妈妈骄傲和自豪，这是你靠自己取得的成绩，当然，也有我作为一个养育者和合伙人的贡献。

4 月份送你到机场，我听着你边哭边说，以前高中想着念完大学可以回国，终于研究生毕业，可以留在国内，现在又要去异国他乡。是的，远离自己出生的国家，离开

从小长大的城市，离开自己的家人，心里免不了忧伤和难过，在新的人生阶段，多少还会有些对未知的恐惧。

我很自然跟着你流眼泪，那是一种有着默契的共情。尽管你略带嗔怪："你一哭，我就更难过了。"我还是没有特别压抑和克制，良好健康的亲子依恋关系就是这样：分开时难过，分开了能各自安好；离别有想念，对重逢有盼望。

看着你过安检，和我们挥手再见，然后和以往很多次一样，步履坚定地向登机口走去，我相信你很快就会适应新的旅程。

家乡并不一定是自己出生的地方。妈妈出生的城市，念中学的城市，念大学的城市都不一样。现在居住在自己念大学的城市，后来因为工作或是旅游又去过国内国外不少的城市。

读万卷书，行万里路。我总觉得见更多的世面，有更大的格局，心才会更宽广。越知道自己要什么，越能保护自己的边界，越懂得拒绝，越能够集中精力去追求自己想要的生活，毕竟，人的精力和热情是有限的。

从高中开始，你就利用各种机会实习、打工，进过国家机关、跨国企业、私营企业，等等，大学里一直也是学生会的活动部主力成员。那些经历培养了你怎样做事、如何与团体成员建立关系的能力和信心。今年国庆我听外公讲起你小时候的故事，他说曾告诉过你把事情做好的经典四步：目标、实施、检查、小结。我问外公什么时候讲给你听的，他说是在你念小学的时候。外公说他从来不需要叫你做作业，你都是自觉把自己的作业做好，他反而经常催你停下来吃饭。

除了学习和生活上自我负责，积极乐观，这些年妈妈看见你还养成了其他很多的好习惯。包括情绪管理，尊重他人，与人为善，保持自己的边界和底线，愿意专注于细小的事情，对生活中的不如意有耐受力……

对你现在的工作内容，妈妈一窍不通，这样级别的大公司，妈妈也没有待过。妈妈只是知道进入职场，"做事"和"为人"都同等重要。我很放心，这两件事情你都有自己的准则。

你知道自己要什么，并且知道为此去付出努力，有计划性，也有执行力。当然，你也早有体会，不是所有事情努力了就一定能做到。所以，完成比完美重要。

分清楚自己的感受和事实本身，就不那么容易被一时的情绪左右，更不会轻易陷落于某一种情绪。分清楚事实有对错，观点来自个体差异，没有对错，对待意见分歧就有更大的宽容度，就更容易把握住问题的核心。没有得到别人的理解是经常，被感同身受地理解是偶然。

你开始上班了，我并没打算退休，说说我对工作的态度吧。外公外婆总说你长大了，叮嘱我少工作一些，不要那么累。是的，我的工作的确忙碌也不轻松，但对于我来说，工作带给我的不仅仅是钱，也不只是累。

如果一定要说我和工作的关系，看上去是工作需要我，其实我也很需要工作，我们相互需要又彼此成全。这使得我对工作保持着热情和投入。对他人有所帮助，对这个社会有一些贡献，无论这些帮助和贡献是大是小，我会因为自己参与其中，而产生一种很踏实的存在感，这对我个体的心理健康是非常有益的。

你看见现在妈妈游刃有余地干着自己喜欢的事业，走到这一步，我花了差不多 20 年的时间。刚大学毕业的时候，我还不清楚自己喜欢做什么，要选哪个行业。于是"做一行，爱一行"，把手里的工作做好，并保持学习，直到有一天，我才足够有条件可以去选择"爱哪一行，就去做哪一行"。

多年前我也还是一个职场新人时，在一次培训中，培训老师说："在公司的收入有两种，一种是显性的，是打在卡上的工资；另一种是隐性的，包括公司的福利和培训，工作中的经历、眼界，这部分的收获，会因为个体对待工作的态度，主动学习反思能力等差异更大，并且直接决定了个体将来的职业价值竞争力。"这段话影响了我之后近 20 年的职业生涯。

挣钱吃饭，满足自己生活所需，是工作的主要现实功能之一。妈妈这些年选择工作和生活方式的自由和底气，也都来自工作。如果你还记得小学时我告诉你的，钱是重要的，那我现在要再告诉你，钱不是一切。工作带来钱，但不仅仅只带来钱。

我珍惜和投入工作，工作给我丰厚的回馈，相互需要、彼此成就。就像去学校不仅是学习、做题、考高中、考大学一样，在学校里我们交朋友，经历挫折失败，体会成功获得成就；学会做事，了解自己和成长自己。

工作也是一样，是我们另一段人生学习旅程的开始。你熟悉的妈妈身边的阿姨们，都是我在工作中认识、通过时间慢慢成为"过得硬"的朋友的。

弗洛伊德曾说过：有工作和爱，心理就是健康的。我的理解是：幸福来源于个人价值感以及良好的亲密关系。

今年这封信，妈妈还想和你多说几句和恋爱、生活伴侣、婚姻有关的话题。

恋爱，是没有条件的，遵循自然规律，比如激情之后总会衰减，比如恋爱的本能就想要占有和控制。恋爱是一种感觉，或者是多种感觉的混合，身心合二为一的融合需求，20来岁的人需要，80岁的人也可能需要。这是非常本能又非常正常自然的需要。恋爱属于右脑反应，情绪情感主导选择和判断。

爱，是一种能力，需要心智参与。爱的基础是了解，是一个人愿意用极大的宽容慷慨，对另一个人的行为进行善意的理解和诠释，爱自己也是如此。爱是付出，是有能力给对方提供情绪价值和情感支持。爱是彼此契合、相互成就，而不仅是一开始的激情。

关系，是有条件的，遵循理性规律，需要去经营。一个对的人，并不是与我们完全志趣相投的人，而是善于处理分歧的人。一个足够好的人的真正标志，并不是与我们完美互补，而是有能力包容彼此的不同。

婚姻是一种关系，除了两个人之间的爱与性，同时有社会属性、经济属性等，婚姻要启用左脑思维，逻辑分析评估判断。可能有时候，选择与某个人结婚，不只是在一起享什么福，还考验我们愿意吃哪种特定的苦。毕竟没有一段婚姻是只有"福"，没有"苦"的。

对成年人来说，婚姻不是必需的，幸福是必需的，有亲密的关系是需要的。旗鼓相当的婚姻是幸福，情投意合的爱情也是幸福，如果这两者兼备那更是幸运。

有个经典的问题：喜欢自己和被别人喜欢哪个更重要？我的答案是：都重要。如果到非要二选一的时候，我选喜欢自己。因为无论怎样的人，都会被人喜欢和不喜欢；如

果我能喜欢自己，至少可以很稳定地找到那些也同样喜欢
"我"的人，大家都不必装，没那么累。因为生活本身，
已经有很多需要去应对的事情，够不容易的了。

当然这些也只是我自己的一些角度和观点。受自身局
限，讲出来也是希望"抛砖引玉"，可以成为你的一个参
考，其余的就留待你自己去实践体验，慢慢形成自己观点。

我曾说"和孩子成为朋友"是一句谎言。这里面可能
暗藏着家长想要通过友谊的掩盖，充满深情地诱惑孩子袒
露心声和秘密的想法。我始终认为我和你不可能成为单纯
的朋友，因为年代和成长背景的差异，因为母女关系角色
的差异，我们很难有共同兴趣、爱好、经历和语言，我也
不会幻想自己能完全理解体会你，这不符合事实。

我觉得吧，我和你的关系比朋友更宽松，彼此尊重差
异；因为有血缘之亲，又比朋友更紧密。

如果你愿意的话，什么时候什么话都可以讲给妈妈听。
妈妈不一定能帮上什么忙，但做一个倾听者、闺蜜，或者
只是鼓掌的啦啦队员都是可以的。

你研究生毕业了，我打算去念一个研究生。当我把这

个想法告诉你，你立即给予了我很大的肯定和支持，就像在多年前，你支持我成为一名专职心理咨询师、做自己的专业心理咨询机构一样。

成都经历过盛夏又慢慢恢复了人来人往。你居住的城市这个时候枫叶红了，再过一个月就要下雪进入冬天了吧。

四季更替，时间一直向前。学位、学业也许会有尽头，但生活的学习、人生的学习永远不会有尽头。活到老，学到老，这是多值得期待的事情啊。

所以，我决定把写开学信这个方式继续下去，在每一年的秋天。

祝女儿来年事业旺，顺利展宏图，有爱伴身边，遇见好姻缘。

愿你居有所定，心有所安。

爱你的妈妈

2022 年 10 月 26 日

夸夸我的妈妈

在别人眼里我的妈妈总是非常的优秀，她拥有别人喜欢的生活方式、态度，拥有自己的工作室、自己热爱的事业，出了书，还有很多喜欢她的朋友。她还拥有一个 12 岁就住校、15 岁就独自出国、学习优异、社交给力、双商到位、从来不让她多操心的女儿。从小到大我和她的生活状态都是我忙我的，她忙她的，我身边的朋友使劲夸我，她身边的朋友使劲夸她。

但作为陪伴了她 22 年的直系亲属，其实我很少夸奖她，大部分时间是不停地在吐槽她和指出她做得不好的地方，其实越亲近的人，总是越容易忽略她身上的优点，缺点反而会被放大。所以今天我要做一件22年来都很少做的事情，就是夸一下我的妈妈。

我的妈妈是一个"与生俱来"的心理咨询师。这几年心理学这个专业是越来越热门，我身边很多同学都选择了念心理学。没学过任何心理学知识的我知道，心理学和心理咨询师有着天差地别。我之前一直跟我朋友讲，心理咨询师这个工作是生下来就注定好了的，有些人她是天生的能量携带者，比如我的妈妈。她可以负荷大量的情绪信息并且加以转化，她可以享受这份工作，在这份工作里通过疗愈别人来疗愈自己。如我舅舅所说，她可以去链接人和人之间断开的沟通桥梁，可以尝试着从内部打开别人封闭的心门。

妈妈近十年全都用手写来访笔记，每天都更新朋友圈，她就是一个天才的心理咨询师。她说她喜欢自己的工作，总是在艰难的关系或是艰难的时刻和人性相遇。很多人会被其他人的负面情绪轻而易举地影响。很多人不知道如何才能重新修复好一段关系。所以不是每个人都可以胜任这份工作。所以我一直觉得，很多年前她选择离开原本的行业进入心理咨询这个行业，完完全全就是一个非常正确的选择，而且是一个上天安排好的选择。

　　我的妈妈是一个"后发先至"的教育工作者。很多人知道我妈妈，前不久出了一本书，叫作《靠近你》，这是一本关于父母在养育孩子过程中的自我觉察对照书。里面以案例为主，记录了很多真实的亲子沟通和她的一些批注。这些案例的处理方式我不能说很完美，但至少会把家长和孩子的关系往一个理想化的方向推进。在我小时候、她当心理咨询师之前，她还没有学习到这些道理，所以她也曾经"靠近我"，然后揍过我。但在我上初中以后，她开始飞速成长为一个相对完美的教育者，她教育我、教育她的来访小朋友们、教育一些大人。这些教育可以说都是非常成功的，比如我朋友对我的评价是，我已经成长为了一个拥有完整人格的女孩。我之前也和我朋友讲过，如果把我未来的孩子拿给我妈带绝对是最完美的选择。

　　我的妈妈是一个"有着健康生活状态"的新时代独立女性。我为什么会给妈妈这么一个头衔呢？这可以用她的朋友圈来概括一下，比如她会写：

"这就是生活啊"

可以把每一天过得一样
也可以把看似一样的一天过得不一样

笑笑哭哭
哭哭笑笑

睡觉，然后起床

也会写：

愧疚和羞耻感最耗心能

这两个感觉有一点点区别
曾经见过有一本书上这样区分的：
愧疚是指觉得自己做错事情

羞耻是指觉得自己出生就是个错误。

#咨询手记#

除了这种深沉的内容之外，她朋友圈记录下来的生活完全可以称得上是德智体美劳全面发展。比如她会分享某一天吃的平常的一餐：

臊子（香菇杏鲍菇小胡萝卜）蒸豆腐

白水青菜汤

玉米土豆白米饭

米饭稍微硬了一点点

炒臊子倒豆酱手滑咸了一点点

配在一起还是很合适的

软饭好消化

硬一点嚼起来香啊

淡有淡的好

咸有咸的妙

这世上哪有那么多刚刚好

都是你自己觉得好

照顾好自己是一件特别值得做的事情

也会记录生活里一些细小的感悟：

"周老师，你每一天接受那么多负能量，怎么处理呢？"

"你看，这里的花花草草这些年长得这么好，可见负能量也是能量，流动起来就能转化"。

每一天工作结束后拖地，整理房间，给花花草草浇水说话是我恢复精力的办法之一。

我可以很负责任地告诉大家，这样的朋友圈她几乎每天都要发点，而且她个人的生活状态确实如此，不是做出来给加了她好友的人看的。

我和她是一模一样的类型，我的生活安排得越满，我的事情就做得越完美越漂亮。

从小到大，我的生活中经常有人告诉我："你的妈妈很厉害哦!"我不需要夸她，她的生活中到处就围绕着夸奖她的人。我之前听到这些夸奖总是会很不以为然，现在想想可能恰恰是这一路上支持她夸奖她的朋友们、来访们，让她变得越来越厉害的吧。我的妈妈在治愈她的来访者、治愈身边的朋友，同时他们也在治愈她。

非常感谢大家对我妈妈的高度认可，我也表示非常认可。